本書獲二〇一六年貴州省出版傳媒事業發展專項資金資助
本書獲貴州省孔學堂發展基金會資助

新刊陽明先生文録續編

〔明〕王陽明 著
張新民 審定

孔學堂書局

本書獲2016年貴州省出版傳媒事業發展專項資金資助

本書獲貴州省孔學堂發展基金會資助

圖書在版編目（CIP）數據

新刊陽明先生文録續編 / （明）王陽明著. — 貴陽：孔學堂書局，2020.6

ISBN 978-7-80770-203-0

Ⅰ. ①新… Ⅱ. ①王… Ⅲ. ①王守仁（1472–1528）–文集 Ⅳ. ①B248.2-53

中國版本圖書館CIP數據核字（2020）第083869號

新刊陽明先生文録續編　〔明〕王陽明　著　　張新民　審定

XINKAN YANGMINGXIANSHENG WENLU XUBIAN

出品人	鄧國超　李　築
策　劃	張發賢
責任編輯	陳　真　羅麗娟
封面設計	劉思妤
排版制作	陳　電
責任印制	張　瑩

出　品	貴州日報當代融媒體集團
出版發行	孔學堂書局
地　址	貴州省貴陽市雲岩區寶山北路372號
印　刷	深圳市新聯美術印刷有限公司
開　本	787mm × 1092mm　1/16
印　張	33.5
版　次	2020年6月第1版
印　次	2020年6月第1次
書　號	ISBN 978-7-80770-203-0
定　價	148.00元

嘉靖貴陽本《新刊陽明先生文錄續編》序

張新民

十六世紀下半葉，配合心學運動在西南邊地的發展，黔中王門學者凝聚各種政治與學術資源，先後刊刻了《居夷集》《傳習錄》《陽明先生文錄》《新刊陽明先生文錄續編》《陽明先生遺言稿》《陽明文錄》六部專書，即使較諸王學發展最為興盛的浙江、江西等中心地區，其數量規模亦足以令人驚詫，不能不說是陽明文獻傳播史上必須關注的重要歷史事件。

貴州刊刻的陽明文獻雖多已亡佚，然《新刊陽明先生文錄續編》嘉靖十四年刻本及《陽明先生文錄》嘉靖十八年補刻本，今皆尚存。其中《新刊陽明先生文錄續編》（以下簡稱《續編》）凡三卷，各卷均按文體類別編次，依序為文類、書類、跋類、雜著、祭文、墓誌、詩類。據書後所附王杏《書文錄續編後》，可知書之梓行，乃是因其初至黔，即有感『（陽明）先生以道設教，而貴人惟教之由無他也，致其心之知焉而已矣』；特別是『（陽明）先生昔日之所面授，此心也，此道也；今日之所垂錄，此心也，此道也，能不汲汲於求乎……貴人之懷仰而求之若此，嘉其知所嚮往也』。遂以『《文錄》所未載者，出焉以遺之，俾得見先生垂教之全錄，題曰《文錄續編》』，以為『讀是編者能以其心求之，於道未必無小補。否則是編也，猶夫文也，豈所望於貴士者哉？』[一]可見是書之所以題曰《續編》，乃是補已刊本《王陽明文錄》之未載者；所謂『新刊』云云，亦相對舊刊本《王陽明文錄》而言。而新刊本《續編》之梓刻時間，亦必在王杏撰文之嘉靖乙未（十四年，一五三五），是時距陽明先生逝世才七年[二]，謝廷傑之《全書》合刻

[一] 以上均見王杏：《書文錄續編後》，載王陽明：《新刊陽明先生文錄續編》卷末，嘉靖十四年築刻本，第四八五至四八九頁。

[二] 錢德洪《王陽明年譜》載嘉靖七年（一五二八）十一月乙卯，陽明先生卒於南安，次年正月己丑正月，喪發南昌，二月庚午，喪至越，十一月，葬於洪溪。其棄世距《續編》之刊印，前後相距正好七年。詳見王守仁：《王文成公全書》卷三四『附錄二』，王曉昕、趙平略點校，北京：中華書局二〇一五年版，第一五一一至一五一五頁。

本尚未刊刻[一]，流傳於世之單行本，無不『各自為書』[二]。《續編》即早期少數罕見單行本之一，歷來鮮少有史志目錄專書著錄，即使置於陽明文獻整體系統之中，也彌足珍稀而可寶貴。

一、地方王門學者的合作與《續編》的刊刻

《續編》之梓行，王杏既云乃其『以《文錄》所未載者出焉以遺之』，則主其事者必乃其人，刊刻地亦當在黔省無疑。考書之每卷卷末，均分三行題有『貴州都司經歷趙昌齡』『耀州知州門人陳文學』『鎮安縣知縣門人葉梧校刊』字樣，則參與校刻者尚有趙昌齡、陳文學、葉梧三人，後兩人為陽明親炙弟子，否則便不會在姓氏前冠以『門人』二字。而王杏、趙昌齡亦必為服膺或私淑陽明者，刊刻《續編》一事即足可證明之。王杏之史跡，綜合歷代史志考之，知其字世文[三]，一字少壇[四]，號鯉湖[五]，又號日岡[六]，浙江奉化人，嘉靖十三年（一五三四）巡按貴州。時『貴州雖設布、按二司，而鄉試仍就雲南。應試諸生艱於跋涉，恒以為苦』[七]。故早在嘉靖初，給事中田秋即『建議欲於該省開科』，然前後逾五年未有定議，至此復『下巡按御史王杏勘議，稱便。因請二省解

[一] 謝廷傑所編之《王文成公全書》，刊刻於隆慶六年（一五七二），《四部叢刊初編》本即據此影印，較諸《新刊陽明先生文錄續編》，已晚去三十七年。

[二] 永瑢等：《四庫全書總目》卷一七一『集部別集類・《王文成全書》』，北京：中華書局一九六五年版，第一四九八頁。按《四庫全書總目》卷一七六尚著錄《王陽明集》十六卷，乃陽明五世孫貽樂重編，或亦刻於嘉靖中，惜早已亡佚。是否為合編全書本，亦有待詳考。

[三] 郭子章：萬曆《黔記》卷二八《總督撫按藩臬表》，趙平略點校，成都：西南交通大學出版社二〇一六年版，第六四七頁。

[四] 道光《貴陽府志》卷五七《明總部政績錄二之三・王杏傳》，貴陽：貴州人民出版社二〇〇五年版，第一一一五頁。

[五] 光緒《奉化縣志》卷二四《人物・王杏傳》引《康熙（奉化）志》，光緒三十四年刻本，又見《中華叢書・四明方志叢刊》，（臺灣）中華叢書委員會編，臺北：一九五七年版，第一二五三頁。

[六] 郭子章：萬曆《黔記》卷三八《宦賢列傳五・御史王杏傳》，趙平略點校，第八五三頁。

[七] 道光《貴陽府志》卷五七《明總部政績錄二之三・王杏傳》，第一一一五頁。

頻，雲南四十名，貴州二十五名，各自設科」[一]。杳之勘議奏疏明確稱：

貴州地方，古稱荒服，國初附庸四川，洪武十七年開設科目，以雲、貴、兩廣皆隸邊方，將廣西鄉試附搭廣東，取士一十七名，貴州鄉試附搭雲南，取士一十五名。永樂十三年，貴州增建布政司，以後撫按總鎮，三司衙門漸次全設，所屬府、衛、州司遍立學校，作養人才，今百五十年，文風十倍，禮義之化已駸駸與中原等，乃惟科場一事，仍附搭雲南，應試中途間有被賊、觸瘴死於非命者。累世遂以讀書為戒，倘蒙矜憫，得於該省開科，不惟出谷民黎獲睹國家賓興盛制，其于用夏變夷之意，未必無少補。[二]

足證嘉靖年間，儘管黔地「環處皆苗，其冠帶而臨苗夷者皆土官」[三]，「夷多漢少」[四]的族群生態局面，實際並未完全改變。但儒家思想的傳播範圍仍在不斷擴大，地域性的士紳階層早已形成[五]，誠如王陽明《寓貴陽詩》所云：「村村興社學，處處有書聲」[六]，後人據此以為其用心之苦，乃在「喜其向道知方也」[七]。適可見不僅府州縣科考生員的數量日益增多，即獨立開科設考亦成為歷史的必然。而正德二年（一五〇八），王濟（字汝楫）「巡按貴州，大有聲績，以貴州少書籍，曾與左布政使郭紳刻謝枋得《文章軌範》，以公之士林」[八]。書稿刊刻前，王陽明受王濟之囑撰序，即稱是書乃「取古文之有資於場屋者……是獨為舉業者設耳。世之學者傳習已

[一] 以上均見《明世宗實錄》卷一七八「嘉靖十四年八月庚子」條，（臺灣）「中央研究院」歷史語言研究所一九六二至一九六五年校勘本，第三八三一頁。
[二] 萬曆《貴州通志》卷一九《經略志·修文》，貴陽：貴州大學出版社二〇一〇年版，第三五三頁。
[三] 林喬相：《議處苗釁疏》，引自萬曆《貴州通志》卷二〇《經略志·揚武類》，第三七三頁。
[四] 江東之：《更調武職疏》，引自萬曆《貴州通志》卷二〇《經略志·揚武類》，第三七三頁。
[五] 參見張新民：《西南邊地士大夫社會的產生與精英思想的發展——兼論黔中陽明心學地域學派形成的文化背景》，《國際陽明學研究》二〇一三年第三輯。
[六] 王守仁：《寓貴陽詩》，引自嘉靖《貴州通志》卷三《風俗·貴州布政司宣慰司》，貴陽：貴州人民出版二〇一五年版，第一一八頁。
[七] 萬曆《貴州通志》卷三《合屬志·貴陽府·風俗》，第四二頁。
[八] 道光《貴陽府志》卷五七《明總部政績錄二之二·王濟傳》，第一一〇七頁。

久，而貴陽之士獨未之多見』。因而重新刊刻是書，必能『嘉惠貴陽之士』。當然，他也特別告誡：『工舉業者，非以要利於君，致吾誠焉耳。世徒見夫由科第而進者，類多徇私媒利，無事君之實，而遂歸咎於舉業。不知方其業舉之時，惟欲釣聲利，弋身家之腴，以苟一旦之得，而初未嘗有其誠也』。凡此種種，在陽明看來，均極不可取。而主事者王濟又嘗『謀諸方伯郭公輩，相與捐俸廩之資，鋟之梓』。故陽明又極為擔心『貴陽之士，謂二公之為是舉，徒以資其希寵祿之筌蹄也，則二公之志荒矣』[一]。儘管『地以人才重，人才以科目重久矣』，但『若作興風勵之機，則在上不在下』[二]，因而『能本之聖賢之學，以從事於舉業之學』[三]，以致『風動遠人，使知激勸』[四]，仍為多數在黔官員的共識。即在王濟本人，也認為『枋得為宋忠臣，固以舉業進者，是吾微有訓焉』[五]，用心誠可謂良苦。

由此可見，隨著邊地科考人數的增多，相關書籍的刊刻也開始受到地方官員的重視。《續編》的編排刊印雖較《文章軌範》為晚，但也與大量讀書士子文化心理上的需求有關。無論《文章軌範》或《續編》的刊行流通，如同科考的獨立開設與取名額的增加一樣，立足於國家的整體宏觀治理策略，從地方官員邊政實情的觀察視野出發，都既可在文化上『昭一代文明之盛』[六]，也能在政治上滿足『用夏變夷之意』[七]，從而促使『夷多漢少』的邊地朝著內地化或國家化的方向發展，實現王朝中央強化或擴大一統政治秩

[一] 以上均見王守仁：《重刊文章軌範序》，《王文成公全書》卷二三『外集四』，王曉昕、趙平略點校，第一〇〇三頁。
[二] 嘉靖《貴州通志》卷六《科目》，第二九八頁。
[三] 郭子章：萬曆《黔記》卷三九《宦賢列傳六·提學副使席文襄公書傳》，趙平略點校，第八七三頁。
[四] 田秋：《西麓奏議》，引自黎庶昌：《牂柯故事》卷一二《歷史人物》，《黎庶昌全集》，黎鐸、龍先緒點校，上海：上海古籍出版社二〇一五年版，第二八四六頁。
[五] 王守仁：《重刊文章軌範序》，《王文成公全書》卷二二『外集四』，王曉昕、趙平略點校，第一〇〇二頁。
[六] 萬曆《貴州通志》卷一九《經略志·修文》，第三五三頁。
[七] 錢鉞：《建黌星門記》，引自嘉靖《貴州通志》卷六《學校·貴州布政司宣慰司》，第二一七頁。

序的治邊目的[一]。

當然，從國家有意建構的一整套教化體系看，更重要的是，『凡古昔名賢流寓之地，必稽姓氏，為往跡之光，甚而崇廟祀景德，永流韻為人心之芳傳』[二]。如果說稽考流寓名賢姓氏，乃至立碑建祠，使人知所景仰固然重要，則刊刻其生前撰述，從而移易地方習俗風氣，影響世道人心，從而改變『理學不明，人心陷溺，是以士習益偷，風教不振』的文化積弊現象[三]，在地方官員看來，當也是其展開教化工作的一種重要手段。因而《續編》的刊印作為一種官方政治行為，尚有其他具有地方官員身份，署名為『貴州都司經歷』的趙昌齡的參與。趙氏生平事蹟，史籍載之甚少。考徐問《撫院續題名記》『昔司馬文正公諫院題名，有忠詐直回之語，將欲揭諸後之人，俾矚目警心，聿興勸戒。然則今日之求寧，非後事之師乎？某以是懼，爰命都司從事趙昌齡董工伐石，竊取文正公之意以續書焉』[四]；王杏《清理屯田事議》『臣巡歷貴州新添等衛地方，查據經歷趙昌齡呈稱，貴州屯種額例……恐虛言無憑，委官履田踏勘，已各得實』云云[五]；具見參與校勘《續編》者，必是上述兩條材料提及之人，則趙氏除參與校對之役外，又曾『董工伐石』，以便刻寫貴州撫院續題名，並受命查覈『貴州屯種額例』，所報數字均一一真實不虛。可證趙氏與王杏，二人雖在官秩有為上下之分，多有公務往來，然在私交上亦必時有過從，均心儀陽明心學，遂深得王杏信任，參與《續編》之文字校訂，其名亦赫然列于書中。

[一] 嘉靖《貴州通志》卷三《風俗・貴州布政司宣慰司》（第一一八頁）稱『今開科會省，風教大行，向道知方，人文益彬彬矣』。可見科考的獨立開設，的確有助於王朝中央『用夏變夷』政治策略的實現，能夠強化邊地自上而下一統秩序的建構。至於書籍的刊刻與廣泛流通，顯然也可滿足日益增多的讀書士子的心理文化訴求。

[二] 徐樾：《王文成公祠祭田記》，引自嘉靖《貴州通志》卷六《學校・貴州布政司宣慰司》，第二七六頁。

[三] 楊希閔：《明王文成公年譜節鈔》『嘉靖七年六月』條引王守仁語，載龔曉康編：《王陽明年譜輯存》（一），馬瑞州、文桂芳、潘承健點校，貴陽：貴州大學出版社二〇一八年版，第三六九頁。

[四] 徐問：《撫院續題名記》，引自嘉靖《貴州通志》卷一二《藝文・記類》，第六二二頁。

[五] 王杏：《清理屯田事議》，引自嘉靖《貴州通志》卷一二《經略・奏疏》，第四八二頁。

參與《續編》之文字校對者，尚有陳文學、葉梧兩人，均陽明早朝黔籍弟子，分別署名『耀州知州門人』與『鎮安縣知縣門人』，然其時早已由官任返歸貴陽，實際仍以門人弟子之身份，主動承擔《續編》文字校讎。錢德洪《王陽明年譜》『嘉靖十三年甲午五月』條載：

> 師（陽明）昔居龍場，誨擾諸夷。久之，夷人皆式崇尊信。提學副使席書延至貴陽，主教書院。士類感德，翕然向風。是年杏按貴陽，聞里巷歌聲，藹藹如越音；又見士民歲時走龍場致奠，亦有遙拜而祀於家者；始知師教入人之深若此。門人湯哻、葉梧、陳文學等數十人請建祠以慰士民之懷。乃為贖白雲庵舊址立祠，置膳田以供祀事。[一]

席書延請陽明至貴陽，主講文明書院[二]，其事亦見郭子章萬曆《黔記》：『文成既入文明書院，公（席書）暇則就書院論學，或至夜分，諸生環而觀聽以百數。自是貴人士知從事心性，不汩沒於俗學者，皆二先生之倡也。』[三]可見陽明之主講文明書院，與提學副使席書的關係極大，也可說是地方官員有意支持的一種施教行為，因而參與聽講的生員顯然數量較多，湯哻、葉梧、陳文學即為其中最有代表性的人物，實乃陽明在黔期間最早的親炙弟子，亦必列坐於『環而觀聽』諸生之中。

二、國家邊地政治策略與紀念陽明系列活動

錢德洪提到的湯哻、葉梧、陳文學等人，因陽明之因緣而知儒家心性學說，晚年致仕歸黔帶頭請建陽明祠一事，亦見於李贄《陽明先

[一] 錢德洪：《王陽明年譜》『嘉靖十三年甲午五月』條，載王守仁：《王文成公全書》卷三四『附錄二』，王曉昕、趙平略點校，第一五一九頁。

[二] 錢德洪稱『提學副使席書聘（陽明）主貴陽書院』云云，『貴陽書院』顯系『文明書院』之誤，細讀下文引語即可知之。又弘治《貴州圖經新志》卷一《貴州宣慰司》（貴陽：貴州人民出版社二〇一五年版，第一九頁）『文明書院，在治城內忠烈橋西，即元順元路儒學故址』云云，亦可證之。錢說見《王陽明年譜》『正德四年己巳』條，載王守仁：《王文成公全書》卷三四『附錄二』，王曉昕、趙平略點校，第一三九六頁。

[三] 郭子章：萬曆《黔記》卷三九《宦賢列傳六・提學副使席文襄公書傳》，趙平略點校，第八七四頁。

生年譜》：『門人湯哻等數十人請建祠以慰士民之懷。乃為贖白雲庵舊址，立祠置田以供親事。』[一]實際是時『貴陽初設府，未建廟學，權以陽明祠為學，而廟則附於宣慰學』[二]。故建祠之同時而陽明書院亦得以成立，可證其事之必可信據，則貴陽之建專祠祭祀陽明，較諸直隸巡撫曹煜於九華山建仰止祠祭祀陽明，時間上整整早了一年，可謂全國最早建專祠祭祀陽明的區域，足證邊地民衆思慕繫念之情彌久彌深。只是無論錢德洪或李贄所記，如果沿流討源，追溯其原始出處，實皆本於王杏的《陽明書院記》。王氏在《記》中明白稱：

> 嘉靖甲午，予奉聖天子命，出按貴州，每行部聞歌聲藹藹如越音，予問之士民，對曰：『龍場王夫子遺化也。』且謂夫子教化深入人心，今雖往矣，歲時思慕，有親到龍場奉祀者，有遙拜而祀者，予問曰：『何為遙拜而祀也？』對曰：『龍場去省八十里，陵谷深峻，途程亦梗，士民艱於里糧，故遙祀以致誠云爾。』予聞而矍然曰：『有是哉。』先生門人湯君哻、葉君梧、陳君文學數十輩，乞為先生立祠，以便追崇。餘曰：『公帑未敷也。』次日，宣慰司學生員湯表、張曆等以辭請；又次日，湯君哻輩又請。予曰：『諸君之請，私情也；問之於官，公議也。牽之以私者徇，強之以公者矯，矯與徇君子弗取，諸公斯請，情至義得，是可以行矣。』乃行布、按、都三司掌印官，左布政使周君忠，按察使韓君士英輩會議，僉曰：『此輿論也，先生功德在天下，遺澤在貴州，公論在萬世，祀典有弗舍焉者乎？請許之以激勸邊人。』遂許之。為贖白雲庵舊基，給之以工料之費，供事踴躍，庶民子來，逾月祠成。[三]

文中提到的湯哻、葉梧、陳文學，以及當時尚為宣慰司學生員的湯表、張曆等，顯然均為黔籍人士，而受到陽明心性之學的沾溉。其中之湯哻，字伯元，即貴陽人，正德三年（一五〇八），『王伯安先生謫龍場，公師事之』[四]，『得知行合一之學』[五]。『正

[一] 李贄：《陽明先生年譜·譜後人》『嘉靖十三年甲午五月』條，載趙永剛編：《王陽明年譜輯存》（二），鐘翌晨點校，貴陽：貴州大學出版社二〇一八年版，第七二至七三頁。

[二] 道光《貴陽府志》卷五八《明總部政績錄二·林喬相傳》，第一一二二頁。

[三] 王杏：《陽明書院記》，引自嘉靖《貴州通志》卷六《學校·貴州布政司宣慰司》，第二七五頁。原文文字及標點，參照明嘉靖刻本略有訂改。

[四] 郭子章：萬曆《黔記》卷四六《鄉賢傳三·潮州知府湯哻傳》，趙平略點校，第九八九頁。

[五] 道光《貴陽府志》卷七三《明耆舊傳一·湯哻傳》，第一二九六頁。

德辛巳成進士，曆官南戶部郎，出守潮州……甫三月，改鞏昌，便道歸省。其在任思親，有「腸斷九回情獨苦，仕逾十載養全貧」之句。居無何，中飛語歸』[一]。湯哻撰有《逸老閒錄》《續編》，惜俱亡佚。黎庶昌撰《全黔故國頌》，將其收入儒林傳[二]。

與湯哻同時之陳文學，字宗魯，自號五粟山人，貴州宣慰司人，『年十餘即能詩，以諸生事陽明，乃潛心理學』[三]，『弘治丙子鄉舉，知耀州。三年調簡，不果赴。杜門養痾，一切世故罔預。稍閒，即與聖賢對……自耀歸，日者言歲將不利公，自作《五粟先生志》』[四]。著有《耀歸存稿》《余曆續稿》《孏篴閒錄》，均合編為《陳耀州詩集》。後人認為他與湯氏，均『親炙文成，以開黔南學業，宗魯得文成之和，兼擅詞章；伯元得文成之正，且有吏治，雖以飛語見責，恬然自退，又何傷哉？』[五]

同陳文學一樣，葉梧（或作『葉悟』）也參與了《續編》的校勘。葉氏字子蒼，亦貴州宣慰司人，正德八年（一五一三）舉人，曾任陝西鎮安縣知縣[六]，劉咸炘撰《明理學文獻錄》，廣搜陽明弟子，『子蒼』之名即赫然列於其中[七]。正德三年（一五〇八）陽明龍場悟道後，講學龍岡、文明兩書院，他與湯哻、陳文學同時，均為最早進入師門的一批王學弟子，較諸最早在山陰（今紹興）師

[一] 郭子章：萬曆《黔記》卷四六《鄉賢傳三・潮州知府湯哻傳》，趙平略點校，第九八九頁。
[二] 黎庶昌：《全黔故國頌》卷一五《儒林・湯哻傳》，《黎庶昌全集》，黎鐸、龍先緒點校，第一九三九至一九四一頁。
[三] 《黔詩紀略》卷三『太守湯伯元哻傳證』，同治十三年遵義唐氏夢研齋金陵刻本，第一三頁。
[四] 郭子章：萬曆《黔記》卷四七《鄉賢傳四・耀州知州陳文學傳》，趙平略點校，第一〇〇四頁。按弘治無丙子年，據萬曆《貴州通志》卷四《宣慰使司・科貢》，陳氏舉正德丙子（十一年，一五一六）鄉試，則引文所謂『弘治』，必系『正德』之誤。陽明黔中講學時，陳氏尚為生員。
[五] 道光《貴陽府志》卷七三《明耆舊傳一・明陳湯二馬陳合傳・論曰》，第一二九七頁。
[六] 嘉靖《貴州通志》卷六《科目・貴州宣慰司》，第二九九頁。
[七] 劉咸炘：《推十書》（增補全本）『丙輯四』，上海：上海科學技術文獻出版社二〇〇九年版，第一三三五頁。

事陽明的徐愛（字曰仁），其前後相去不過僅僅一年[一]。故晚年返歸故里築垣後，不僅與湯哻、陳文學共同帶領地方讀書士子要請建王文成公祠，同時也與趙昌齡、陳文學合作共同校訂了師門的《文錄續編》。

湯哻、葉梧、陳文學三人，外出入仕即為肩負官守職責之地方父母官，可謂握有朝廷權柄大任的士大夫，返黔鄉居則為望重一時的縉紳，乃是能夠代表讀書士子發言的地方知識精英。而貴州宣慰使司與貴州布政司、貴州都指揮司、貴州提刑按察司同城而治，貴州宣慰司在治城北，貴州布政司、貴州提刑按察司在治城中，貴州都指揮司在治城中西[二]，均同在府城，彼此緊鄰。城內『官軍士民移自中土，且因遷調附住於此，生齒漸繁，風化日啟』[三]。故葉梧、陳文學雖名為貴州宣慰司人，實際也是貴陽人。時王杏恰在巡按任上，察院具本位即『在會城東門內』[四]，陽明祠及所附書院也在城東[五]。據此完全可以推斷，所謂黔本《續編》，刊刻地點尚可確定在王杏、趙昌齡、湯哻、葉梧、陳文學共同交往和活動的區域，即貴州宣慰使司與貴州布政司、貴州都指揮司、貴州提刑按察司同城而治的貴陽，可稱為嘉靖十四年貴陽刻本或築刻本。

陽明祠及其所附書院之修建，雖出於湯哻、葉梧、陳文學等地方縉紳之請，但畢竟要經過代表官方的王杏的允准同意，並商之『行

[一] 徐愛《橫山遺集·同志考敘》稱：『自尊師陽明先生聞道後幾年，某於丁卯春，始得以家君命執弟子禮焉。於時門下亦莫有予先者也。繼而是秋，山陰蔡希顏、朱守中來學，鄉之興起者始多，而先生且赴謫所矣。』黃宗羲也認為『陽明出獄而歸，（徐愛）先生即北面稱弟子，及門莫有先之者』。按：丁卯即正德二年，可證龍場悟道前，徐愛便已入師門，較諸葉氏等人，當早了整整一年。徐說見徐愛、錢德洪、董澐：《徐愛 錢德洪 董澐集》，錢明編校整理，南京：鳳凰出版社二〇〇七年版，第五六頁；黃說則見黃宗羲：《明儒學案》卷一一《郎中徐橫山先生愛》，沈芝盈點校，北京：中華書局一九八五年版，第二二一頁。

[二] 詳見弘治《貴州圖經新志》卷一《貴州宣慰司·公署》，第一二至一七頁。

[三] 嘉靖《貴州通志》卷一《建置沿革·貴州等處承宣佈政使司》，第三三頁。

[四] 郭子章：萬曆《黔記》卷二三《公署志上·潮州知府湯哻傳》，趙平略點校，第五六二頁。

[五] 詳見萬曆《貴州通志》卷一九《合屬志·貴陽府》，第四六頁。

布、按、都三司掌印官」周忠、韓士英等人，以為可以『激勸邊人』，能夠強化地方秩序，達致教化目的，才最終得以建成，可視為朝廷官員與地方縉紳的一次重要合作。而築本《續編》的梓行，既有主事官員王杏及其下屬當差趙昌齡的宣導，也有葉梧、陳文學等地方精英的配合，也可說是地方政府與邊地讀書士子的一次成功合作，體現了國家治邊大員與邊地士紳文化共識空間的良性開拓與擴大。如果以陽明心學在邊地的傳播和發展為觀察視角，進一步向前追溯，則正德三年（一五〇八）貴州提學副使席書與陽明往復論辯，最終為陽明所折服，並『與毛憲副修葺書院，身率貴陽諸生，以所事師禮事之』[一]，也可說是『身督諸生師』陽明[二]，即以陽明的身教與言教為仲介，實現了地方官員與邊地讀書士子的良性互動。而陽明亦因此開始傳播其與朱子有別的『知行合一』學說，從而培養了以湯冔、葉梧、陳文學為代表的一批黔中弟子，標誌著心學思想在貴州的紮根，可稱為黔中王門的『前三傑』。從後更以修建陽明祠及陽明書院為觸媒，實現了地方政府與邊地縉紳的合作，不僅透過祭儀活動提升了邊地士子仰止先賢之心，而且也擴大了有利於邊地秩序建構的思想符號資源。

十分明顯，《續編》的刊印梓行，與陽明祠及其所附書院的修建一樣，也是國家行政理性與地方文化認同資源的一次整合，既滿足了邊地士子閱讀心理的需要，也有裨於陽明一生完整思想的傳播，於是遂有孫應鰲、李渭、馬廷錫等第二代心學學者的興起，三人被稱為黔中王門的『後三傑』。尤其貴陽一地，『富水繞前，貴山擁後，沃野中啟，復嶺四塞，據荊楚之上游，為滇南之門戶』[三]，不僅在文化風氣的開啟上具有引領全省的重要作用，还在國家地緣政治的佈局上有穩定整個西南的戰略意義。地方官員才形成了『（陽明）先生功德在天下，遺澤在貴州，公論在萬世，祀典有弗舍為者乎』的共識，並與地方精英群體合作刊刻了《文錄續編》。稍後黔中王門學者陳尚象為

[一] 錢德洪：《王陽明年譜》『正德四年己巳』，載王陽明：《王文成公全書》卷三二『附錄一』，王曉昕、趙平略點校，第一三九七頁。
[二] 《王阳明年譜》『正德四年己巳』，載王陽明：《陽明先生集要》，王曉昕、趙平略點校，北京：中華書局二〇〇八年版，第九頁。
[三] 萬曆《貴州通志》卷三《合屬志一・貴陽府》引《舊志》《一統志》，第三九頁。

萬曆《黔記》撰序，也立足於國家立場着重強調：

今夫天地之元氣，愈漸漬則愈精華；國家之文治，愈薰蒸則愈彪炳。而是精華彪炳者，得發抒於盍代之手？其人重，則其地與之俱重，黔蓋兼而有之。貴山富水與龍山龍場，行且有聞於天下萬世矣。世有寥廓昭曠之士，亦必於黔乎神往矣。[一]

这些足證《文錄續編》的刊行，與席書要求諸生禮敬陽明為師，王杏採納縉紳意見修建陽明祠类似，都是頗具國家邊地政治策略象徵意義的歷史性事件，其發揮了學術、文化、政治等多方面的符號感召力量和影響作用，蘊含著『用夏變夷』即移易地方禮俗的微妙深意。

三、黔地刊刻的多種陽明文獻及其源流關係

陽明著述文獻的整理刊刻，即便在僻遠的貴州也遠不止一次。王杏《書文錄續編後》便明確提到：『貴州按察司提學道奉梓《陽明王先生文錄》，舊皆珍藏，莫有睹者』；又稱『陽明先生處貴有《居夷集》，門人答問有《傳習錄》，貴皆有刻』[二]；具見《續編》梓行之前，黔地尚刊刻過《陽明王先生文錄》《居夷集》《傳習錄》等書。如論撰作先後次第，《居夷集》主要為入黔後之著述，與黔省關係最為密切，結集時間亦最早。嘉靖《貴州通志·王守仁傳》亦明載陽明『正德間以兵部主事任龍場驛驛丞，有《居夷集》傳於貴』[三]。郭子章萬曆《黔記·藝文志》著錄『《居夷集》，陽明先生謫龍場時撰』[四]，亦必為黔中之刊本，均可證王杏之言必不誣。其刊刻時間，考正德四年（一五〇九）歲杪陽明離開貴陽赴廬陵任，途中曾有信劄寄黔中弟子，信中便強調『梨木板可收拾，勿令散失，

[一] 陳尚象：《黔記序》，引自郭子章：萬曆《黔記》卷首，趙平略點校，第四頁。
[二] 王杏：《書文錄續編後》，載王陽明：《新刊陽明先生文錄續編》，第四八九頁。
[三] 嘉靖《貴州通志》卷一〇《遷謫·王守仁傳》，第四六七頁。
[四] 郭子章：萬曆《黔記》卷一五《藝文志下》，趙平略點校，第三七四頁。

區區欲刊一小書故也，千萬千萬』[一]。所云似即指《居夷集》之刊刻，或陽明在黔時即有刻印是書之打算，付梓則必在正德年間後期。陽明信中提及之黔地弟子達十七人，其中必有參與其事者，當為全國最早的《居夷集》印本[二]。稍後貴州按察司副使謝東山謂其『讀公《居夷集》』[三]，顯然又聯想到陽明在龍場『百死千難』的情形[四]，『未嘗不歎天之所以重困公而玉之成者，實在乎此』[五]。其寄慨如此之深，似亦入黔獲讀《居夷集》後才有之文字。惜書已不傳，歷來著錄者亦極少[六]，然必是最早刊刻之本，似無任何疑義。

《居夷集》今存嘉靖本三卷，首有丘養浩敘，末有韓柱、徐珊跋，丘《敘》云：『引以言同校集者，韓子柱廷佐，徐子珊汝佩，皆先生門人。』[七]徐《跋》謂『集凡三卷。附集一卷，則夫子逮獄時及諸在途之作。並刻之』[八]。可識丘、韓、徐三氏，均為是書之校刻者。惟三人均未曾入黔，其書亦非黔刻本。韓、徐二人尚在跋文落款處明書『門人』，揆諸史跡，其入門時間必在陽明

[一] 王守仁：《與惟善書》，手跡原件載民國十七年中華書局影印高野侯輯《古今尺牘墨蹟大觀》（第七冊）石印本，又見高野侯編《古今尺牘墨蹟大觀》（第二輯），武漢：湖北美術出版社二〇一三年版，第三四至四二頁。學界多題作《鎮遠旅邸書劄》，閆平凡《〈鎮遠旅邸書劄〉考辨》（載張新民主編《陽明學刊》二〇一六年第八輯）釐訂原信行文順序，多方考辨，以為當題作《與惟善書》，其說當從。

[二] 黃裳曾稱其『得《居夷集》三卷，嘉靖甲申刊於黔中者，時（陽明）先生尚存』，頗疑乃與下文所述丘養浩嘉靖三年（甲申）刻本牽混而致誤，否則何以今日所見者，皆丘之敘刻本，而非黔刻本。黃說見上海圖書館藏嘉靖十四年刻本《新刊陽明先生文録續編》封面墨批識語。

[三] 謝東山：《送仰齋胡堯時序》，引自嘉靖《貴州通志》卷一一《藝文·序類》，第五九一頁。

[四] 陳榮捷：《王陽明傳習錄詳注集評·傳習錄拾遺》，第三九六頁。

[五] 謝東山：《送仰齋胡堯時序》，引自嘉靖《貴州通志》卷一一《藝文·序類》，第五九一頁。

[六] 《千頃堂書目》卷二一著錄『《居夷集》三卷』，惜未注明版本，是否與黔省有關，則當俟考。

[七] 丘養浩：《敘居夷集》，引自王守仁《居夷集》，北京圖書館藏嘉靖三年刻本，第二頁。

[八] 徐珊：《居夷集跋》，引自王守仁《居夷集》，第一八頁。

離黔之後。故錢德洪特別強調：『徐珊嘗為師刻《居夷集》，蓋在癸未年，及門則辛巳年九月，非龍場時也。』[一]癸未即嘉靖二年（一五二三），據丘養浩『嘉靖甲申（三年）復孟朔』敘，知『二年』必為『三年』之誤；辛巳則為正德十六年（一五二一），是時陽明離開黔地已久，故是書決不當牽混為黔本。

繼黔刻本《居夷集》之後，黔中尚有陽明在黔遺言專書之鋟刻。主其事者為胡堯時。胡氏字子中，號仰齋，亦陽明弟子，好與人討論陽明心學。郭子章萬曆《黔記》嘗載其事云：

> 胡堯時，字子中，泰和人，嘉靖丙戌進士，由駕部郎出為雲南提學副使、貴州按察使。公昔為陽明先生弟子，雖職事在刑名案牘，然謂貴陽民夷雜處，宜先教化、後刑罰。既以躬行，為此邦士人倡。復增修黌舍與陽明書院，凡王公遺言在貴陽者，悉為鐫刻垂遠，且與四方學者共焉。朔望率諸生拜先聖禮畢，即詣陽明祠展拜，如謁先聖禮。已，乃進諸生堂下，與之講論學問，率以為常。[二]

胡氏在『民夷雜處』的邊地，以秩序的建構為目的，認為『宜先教化，後刑罰』，又鑒於陽明在黔省的影響，遂有一系列的行政作為。其中搜考陽明在黔遺言，並在貴陽鐫刻垂遠一事，清人鄒漢勳也主動加似證實，以為其『嘗師事王守仁學，以躬行為本……又新陽明書院，刊守仁所著書於貴州，令學徒知所景仰，士風為之大變』[三]。可證其事必當可信，陽明在黔之遺言，除《居夷集》外，尚另有一胡氏刊本。

胡氏刊行之書，據郭子章《黔記·藝文志》之著錄，當題作『《遺言稿》』，或乃《陽明先生遺言稿》之省寫。郭氏接語明

[一] 錢德洪：《答論年譜書》，載王陽明：《王文成公全書》卷三六『附錄五』，王曉昕、趙平略點校，第一五七六頁。按：辛巳乃正德十六年（一五二一），即徐氏師事陽明時間；癸未則為嘉靖二年（一五二三），當為其參校《居夷集》時間。然丘養浩《敘居夷集》明題『嘉靖甲申夏孟朔丘養浩以義書』，甲申實乃嘉靖三年（一五二四），書之刻成亦必在是時。錢氏『癸未』之說，當為一時偶然誤寫。

[二] 郭子章：萬曆《黔記》卷三九《宦賢列傳六·按察使胡堯時》，趙平略點校，第八八〇至八八一頁。

[三] 道光《貴陽府志》卷五七《明總部政績錄二·胡堯時傳》，第一一一四頁。

云：『貴州按察使泰和胡堯時編集陽明先生遺言在貴陽者，悉為鐫刻，與四方學者共焉。胡，王（陽明）先生門人也。』[一]胡氏對陽明的尊崇，觀其友人謝東山的贈言：『我國家文明化洽，理學大儒後先相望，而陽明王公則妙悟宗旨，刊落支離，其有功於後學為尤大』云云[二]；或亦可窺而知之，故書名必作《陽明先生遺言稿》，似可完全斷言。是書專記陽明謫居黔地期間遺言，就陽明一生思想發展而言，較之徐愛所輯《傳習錄》時間斷限更早。然成稿並鋟版於何時？考胡氏到任貴州按察使，乃在嘉靖三十年（一五五一）[三]，則撰稿或當始於是時，付梓則必在稍後。刊刻地點與《續編》類似，亦當在按察司署所在地貴陽。其時去陽明龍場悟道不久，與陽明交往之人或多健在，可說『地近而易於質實，時近而不能託於傳聞』[四]，顯然具有材料搜考覈實上的便利。其書必多有可觀，兼可與《居夷集》互證，惜早已亡佚，難免不令人興歎。

與《居夷集》《陽明先生遺言稿》一樣，《傳習錄》一書亦有黔中之刊本。然是書之最早編集，實因徐愛從陽明遊久，乃『備錄平日之所聞，私以示夫同志，相與考而正之』[五]，遂得以成書。考陽明與徐愛暢論《大學》之旨，乃在正德七年（一五一二）[六]，而今本《傳習錄》卷一，亦多載有相關內容，則其書之結集，亦必在是年或稍後不久。雖規模狹小，不過十四條或稍多，然保存陽明龍場悟道後早朝教言，功亦不小。以後薛侃據徐愛所載，補以陸澄與自己所錄，刻於江西虔州（今贛州），時在正德十三年

[一] 郭子章：萬曆《黔記》卷一五《藝文志下》，趙平略點校，第三七四頁。
[二] 謝東山：《送仰齋胡堯時序》，嘉靖《貴州通志》卷一一《藝文・序類》，第五九一頁。
[三] 萬曆《貴州通志》卷二《省會志・秩官》，第二三頁。
[四] 章學誠：《文史通義》卷六《州縣請立志科議》，引自葉瑛校注：《文史通義校注》，北京：中華書局一九八五年版，第五九一頁。
[五] 徐愛：《橫山遺集》補遺《傳習錄題辭》，徐愛、錢德洪、董澐：《徐愛　錢德洪　董澐集》，錢明編校整理，第八九頁。
[六] 錢德洪：《王陽明年譜》『正德七年壬申』條，載王陽明：《王文成公全書》卷三二『附錄一』，王曉昕、趙平略點校，第一四〇四頁。

（一五一七），是為最早之初刻本，即今本一之上卷[一]。嘉靖二年（一五一四），南大吉續刻《傳習錄》[二]，今通行本之中卷。其他可考者，如聶豹有感於其所見之本，『答述異時，雜記於門人之手，故亦有屢見而復出者』，乃與陳九川『重加校正，刪復纂要，總為六卷，刻之八閩』[三]。錢德洪廣搜師門遺稿，合以諸家之所錄，補入其撰輯，重編增刻，時間已在嘉靖三十三年（一五五三）之後。故王杏所言專記『門人答問』之黔本《傳習錄》，必在錢氏之前即早已刊刻。如謝東山乃四川射洪人，嘉靖十年（一五三一）舉鄉試，二十年登進士[四]，自謂『自弱冠時得公（陽明）《傳習錄》而讀之，雖以至愚之質，亦未嘗不忻然會意』[五]，則其所讀者，必乃早期刊本。而蜀、黔兩地毗鄰，謝氏亦長期關心陽明在黔史跡，則其所讀之書，似不能排除即黔本之可能。因此，儘管《傳習錄》陸續補輯成書，『四方之刻頗多』[六]，然黔刻本仍為早期罕見之書，透露出不少陽明文獻地域傳播的資訊，惜亡佚甚早，學界亦鮮少知之。

前云《續編》，其書名既冠以『新刊』二字，王杏又明言：『一奉梓《陽明王先生文錄》，舊皆珍藏，莫有睹者。予至，屬所司頒給之。貴之人士，家誦而人習之，若以得見為晚。』[七]足可說明黔地必曾刊刻過《文錄》，刊刻地點亦必在按察司署所在地貴陽，惟原版印數甚少，所謂『頒給之』云云，極有可能即為據原刻之再印，否則便談不上『家誦而人習之』。足證其亦為官

[一] 參見陳榮捷：《王陽明傳習錄詳注集評·概說》，第八頁。
[二] 參見南大吉：《傳習錄序》，載王陽明：《王陽明全集》卷四一『序說』，吳光等編校，上海：上海古籍出版社一九九二年版，第一五八〇至一五八二頁。
[三] 聶豹：《聶豹集》卷三《重刻傳習錄序》，吳可為編校整理，南京：鳳凰出版社二〇〇七年版，第四六頁。
[四] 萬曆《四川總志》卷一一《郡縣》，明萬曆刻本。
[五] 謝東山：《送仰齋胡堯時序》，引自嘉靖《貴州通志》卷一一《藝文·序類》，第五九一頁。
[六] 王宗沐：《傳習錄序》，載王守仁：《王陽明全集》卷四一『序說』，吳光等編校，第一五八〇至一五九〇頁。
[七] 王杏：《書文錄續編後》，載王陽明：《新刊陽明先生文錄續編》卷末，第四八五頁。

方牽頭出資梓行，不僅刊刻時間早於《續編》，即印次亦絕非一次可限。王杏《續編》接踵後出，實即其書同一性質之補編本。

貴州按察司提學道刻本《文錄》，雖久已不為人所知，幸中國人民大學圖書館所尚藏有嘉靖年間刻本，書名正題作《陽明先生文錄》，凡三卷三冊，非特體制規模大小與《續編》相當，即稱名亦與王杏所言一致。而版刻特徵雖有差異，風格仍有接近之處[一]。更要者即與貴陽本《續編》類似，是書卷末亦赫然題有『門人陳文學、葉梧重校』字樣，並附有《祭陽明先師文》一篇。祭文稱『隆輩生長西南，實荷夫子之教』；又云『嘉靖己丑三月戊辰，陽明夫子卒于官，訃聞至辰，門人王世隆等為位設主，哭于崇正書院之堂，復具香幣往奠之』[二]。可證作者必為王世隆，當為陽明生前入門弟子，相互之間多有過從，故一俟聞知陽明訃信，即專設木位祭祀，嚴守弟子守喪之禮。具見是書之刊刻，不僅涉及黔地及其學人，更與王門弟子王世隆有關，極有可能即是王杏所說之黔本《文錄》。

四、《陽明先生文錄》之補刻及其與黔地學者的關係

《祭陽明先師文》當撰於陽明病卒之後。按史籍載陽明之卒年，當在嘉靖七年（戊子，一五二八）十一月[三]。時王氏正在湖南辰州，故獲知師門訃聞，已在嘉靖八年（己丑，一五二九）三月，祭文即撰於是時。是書既由陳文學、葉梧『重校』，則必與黔地有關。考明人郭子章《黔記》，果在《總督撫按藩臬表》中有其題名，據此可知其字『晉叔，長洲人，進士』，曾任貴州『（按

[一] 《文錄》版框20.4×13.2釐米，四周單邊，版心黑口，單黑魚尾，魚尾下標卷數，半頁九行，行十七字；《續編》本版框21.0×12.70釐米，四周單邊，版心黑口，雙魚尾，上魚尾下標卷數，半頁九行，行十九字。版式略有差異，風格仍較接近。分見劉昊：《關於〈陽明先生文錄〉的文獻學新考察：就新發現的〈文錄〉三卷本及黃綰〈文錄〉本而談》，《中國哲學史》二〇一八年第三期；〔日〕永富青地：《上海圖書館藏〈新刊陽明先生文錄續編〉について》，《東洋の思想と宗教》第二三號，早稻田大學，二〇〇六年。

[二] 王世隆：《祭陽明先師文》，《陽明先生文錄》卷末，中國人民大學圖書館藏明嘉靖間刻本，第六二至六三頁。祭文作者考證則見下文。

[三] 錢德洪：《王陽明年譜》『嘉靖七年戊子』，載王陽明：《王文成公全書》卷三二『附錄一』，王曉昕、趙平略點校，第一五一一至一五一二頁。

察）副使』[一]。檢讀中國人民大學圖書館藏嘉靖年間刻本，恰好有別本不載之陽明《與王晉叔》三通。首通開首即云『昨見晉叔，已概其外，乃今又得其心也』；次通又云：『所惠文字，見晉叔筆力甚簡健』；第三通復云：『劉易仲來，備道諸友相念之厚』；則二人不僅時常見面，同時更有文字交往，從中可見以陽明為中心，其周圍已形成一講學群體，所謂『實荷夫子之教』云云，當為信實可靠之語。

然極為可疑，王氏里貫既在長洲，萬曆《貴州通志》所載亦同[二]，長洲乃在江蘇，王氏何以自稱『生長西南』？而黔本《文錄》與《續編》，一前一後，時序分明，附有王氏《祭文》之書，如若真為黔地刊刻之書，則必有線索可尋。覆覈郭子章《黔記》及萬曆《貴州通志》，可知王氏到任貴州副使時間，乃在『嘉靖十七年（一五三八）』[三]，是時《續編》已刊畢，更遑論更早之《文錄》，王氏可能與役？欲回答上述問題，則必須進一步詳考。

先看王氏之里貫，除長洲說外，早出嘉靖《貴州通志》，便明載其為『辰州人』[四]。而辰州或稱辰陽，故歐陽德亦逕稱『王君晉叔，辰陽人也』[五]。其地歷來為湖南屬府，再查《沅陵縣志》，果然內其立有專傳云：

> 王世隆，少英敏，強記為文，援筆立就。年十七，中正德丁卯舉人，嘉靖丙戌進士，授刑部主事，讞議精詳，多所平反。曆升貴州副使，有風裁，既歸，構大西妙華書院，集諸生講業，其中湛甘泉為銘其堂，著有《洞庭髯龍集》行世。[六]

[一] 郭子章：萬曆《黔記》卷二八《總督撫按藩臬表》，趙平略點校，第六四八頁。
[二] 萬曆《貴州通志》卷二《省志・秩官》，第二五頁。
[三] 郭子章：萬曆《黔記》卷二八《總督撫按藩臬表》，趙平略點校，第六四八頁；萬曆《貴州通志》卷二《省志・秩官》，第二五頁。
[四] 嘉靖《貴州通志》卷五《宦跡・按察副使》，第二六八頁。
[五] 歐陽德：《大西洞書院記》，《歐陽德集》卷八，陳永革編校，南京：鳳凰出版社二〇〇七年版，第二五二頁。
[六] 同治《沅陵縣志》卷三〇《人物・王世隆傳》引《省志》《舊志》，清光緒二十八年補版重印本，第二〇頁。

文中提及之大酉妙華書院，乃因大酉山妙華洞而得名，其地即『在酉陽西北』[一]。其所著《洞庭髯龍集》一書，早已不傳，今存《辰州郡城記》一篇，或即其中之佚文。文中總結辰州形勝，稱『據楚上游，當西南孔道』[二]，則王氏所謂『生長西南』云云，顯然自有其立論根據。足證其必為辰州人，所謂長洲當為音近致誤。嘉靖《貴州通志》纂成時，距王氏出任貴州副使，前後相去不過十七年[三]，實為當時人記當時事，較之晚出之其他志乘，似更為準確可靠。

王氏既為辰州人，陽明赴謫貴州，往返均經過其地，而尤以正德五年（一五一〇）返程就廬陵知縣，滯留當地時間最長，遂多有講學活動，並『與諸生靜坐僧寺，使自悟性體』，從遊者則有『冀元亨、蔣信、劉觀時輩，俱能卓立』[四]。所謂『靜坐僧寺』，前引陽明《與王晉叔》第二通亦有句云：『守仁前在寺中說得太踈略』云云，其事似均發生在同一地點，即當地虎溪龍興寺內。而文中之劉觀時，其人『字易仲，從陽明講學虎溪，盡得其奧妙。陽明曾作「見齋說」遺之，學者稱為沙溪先生』[五]，顯然即《與王晉叔》第三通提及之劉易仲。具見陽明函劄之前二通，必當作於其在辰州時。第三通有語云：『路遠無由面扣，易仲去，略致鄙懷，所欲告於諸友者，易仲當亦能道其大約。』其時陽明已離開辰州，似當撰於滁州督馬政送別觀時之後。陽明嘗自謂『辰州劉易仲從予滁陽……久之辭歸，別以詩』，詩中有句云『秋風洞庭波，遊子歸已晚』[六]，足可征而證之。故王世隆與冀元亨、蔣信、劉觀時，亦

[一] 歐陽德：《大酉洞書院記》，《歐陽德集》卷八，陳永革編校，第二五二頁。
[二] 王世隆：《辰州郡城記》，引自雍正《湖廣通志》卷六《疆域志·辰州府》，文淵閣《四庫全書》影印本。
[三] 嘉靖《貴州通志》之纂成時間，當在嘉靖三十四年（一五五五），由此上溯至王氏到任之期，相去恰為十七年。
[四] 錢德洪：《王陽明年譜》『正德五年庚午』條，載王陽明：《王文成公全書》卷三四『附録二』，王曉昕、趙平略點校，第一三九八頁。
[五] 周聖楷編纂，鄧顯鶴增輯：《楚寶》卷二三《蔣信傳》，廖承良、楊雲輝點校，長沙：嶽麓書社二〇一六年版，第六九四頁。
[六] 王守仁：《別易仲》，《王文成公全書》卷三〇『外集三』，王曉昕、趙平略點校，第八七〇頁。

必在正德五年（一五一〇）初，陽明離黔途經辰州時，加入王門，遂形成楚中王門早期重要人物群體[一]。

再論黔本《文録》之刊刻，《續編》既云『新刊』，則貴州按察司提學道刻本必為舊刊，時間當在嘉靖十四年（一五三五）之前。然王世隆嘉靖十七年（一五三八）始任貴州副使，何以能與黔人陳文學、葉梧合作，提前預刻是書，陳、葉二氏之所為，亦逕稱『重校』而不云『校』？實則王氏之到任副使，貴州按察司提學道刻本《文録》舊版尚存，而王氏似有可能獲見其他異本，遂據以補刻，分置於各卷之後，痕跡宛然猶在，均不難辨識[二]。例如，《與王晉叔》三通，雖為陽明舊文，亦必乃王氏私藏，復加上其私撰《祭文》一篇，或如錢德洪所預知，乃『好事者攙拾』[三]，雖文獻價值極高，仍為補刻時羼入其中者。其時王杏已離任，陳、葉二氏仍告老鄉居，遂聘其就舊版重校，或有個別挖改，為官紳之再次合作。與王杏刻本《續編》一樣，補刻重校地點亦必在貴陽。而王氏以副使身份與陳、葉二人合作，就貴州按察司提學道舊版補刻重校，其書以其到任次年或再次年推之，亦當稱其為嘉靖十八年或十九年貴陽補刻本。以補刻重校耗費時間相對較少而論，似可即定其為嘉靖十八年貴陽補刻本。

王杏所刻之《續編》，乃是有鑒於『《文録》所未載者，出焉以遺之，俾得見先生垂教之全録』，則中國人民大學圖書館所藏之貴陽本《文録》，其補刻時間固然為嘉靖十七年（一五三八），然其所據之貴州按察司提學道舊版，刊刻時間必早於《續編》。故凡《文録》未載者，《續編》均悉以補入。則貴州按察司提學道原本之鋟版，雖遠在西南之邊城貴陽，時人每以『衣之裔』即『邊裔』

[一] 黄宗羲撰《楚中王門學案》，稱『當陽明在時，其信從者尚少，道林、闇齋、劉觀時出自武陵，故武陵之及門，獨冠全楚』。未見提及王世隆，顯然遺漏失載，或可據以補入。黄説見黄宗羲：《明儒學案》卷二八，沈芝盈點校，第六二七頁。

[二] 劉昊《關於〈陽明先生文録〉的文獻學新考察：就新發現的〈文録〉三卷本及黄綰〈文録〉本而談》（《中國哲學史》二〇一八年第三期）一文，已先揭出此點，當一併參閲。

[三] 錢德洪：《王陽明年譜》『嘉靖六年丁亥』條，載王陽明：《王文成公全書》卷三四『附録三』，王曉昕、趙平略點校，第一四八七頁。

喻之[一]，以黃綰刊刻於嘉靖十二年（一五三三）刊刻之《陽明先生存稿》為時間座標[二]，完全有可能較其更早，或與鄒守益嘉靖六年（一五二七）刻於廣德之書同時稍後[三]。黃綰當時即感歎陽明之書，『僅存者唯《文錄》《傳習錄》《居夷集》而已，其餘或散亡，及傳寫訛錯。撫卷泫然，豈勝斯文之慨』[四]。其所提及陽明三書（《文錄》《傳習錄》《居夷集》）居然貴州一一都有刻本，是時陽明文獻雖刻而多有凋零，黔中則一刻二刻三刻而分別有其藏本，在文獻學史上亦是值得稱歎之奇事。故王世隆遂據貴州按察司提學道舊版補刻復校，王杏之《續編》本亦必得以經眼並有所參考，故其所補者亦絕無一文與之犯復。而補刻雖在後，原刻卻在前，《續編》本則居中，如果再加上萬曆十九年（一五九一）貴州副史蕭良幹刊刻之『《陽明文錄》一部十四冊』[五]，以及前述《居夷集》《陽明先生遺言稿》兩書，則陽明之文錄前後已有五刻，屢計出書共六部，均可視為同一譜系之文獻專書，即使置於各種版本系

[一] 楊慎：《〈貴州通志〉序》，嘉靖《貴州通志》卷首，第三頁；另可參閱張新民《大一統衝動與地方文化意識的覺醒——明代貴州方志成就探析》，《中國文化研究》二〇〇二年第四期。

[二] 黃綰：《陽明先生存稿序》稱是書乃其『與歐陽崇一、錢洪甫、黃正之，率一二子侄，檢粹而編訂之，曰《陽明先生存稿》。洪甫攜之吳中，與黃勉之重為釐類，曰《文錄》、曰《別錄》，刻梓以行』。具見黃本初名《存稿》，刊刻於嘉靖十四年（一五三五）。錢德洪後來據以重新釐類，始題曰《文錄》，刊刻於姑蘇。黃說見黃綰：《黃綰集》卷一三『序』，張宏敏編校，上海：上海古籍出版社二〇一四年版，第二二七頁。

[三] 錢德洪：《王陽明年譜》『嘉靖六年丁亥四月』條載：『鄒守益刻《文錄》於廣德州。』時『守益錄（陽明）先生文字，請刻，先生自標年月，命德洪類次，且遺書曰：「所錄以年月為次，不復分別體類，蓋專以講學明道為事，不在文辭體制間也。」明日，德洪掇拾所遺請刻，先生曰：「此便非孔子刪述《六經》手段。三代之教不明，蓋因後世學者繁文盛而實意衰，故所學忘其本耳。比如孔子刪《詩》，若以其辭，豈止三百篇？惟其一以明道為志，故所取止。此例《六經》皆然。若以愛惜文辭，便非孔子垂範後世之心矣。」德洪曰：「先生文字，雖一時應酬不同，亦莫不本於性情；況學者傳誦日久，恐後為好事者攙拾，反失今日裁定之意矣。」先生許刻附錄一卷，以遺守益，凡四冊。』可識鄒本必刻於嘉靖六年（一五二七），是時陽明尚健在，較之貴陽本可能鋟版於陽明身後，雖時間極為接近，然前者仍當為最早之《文錄》刻本。錢說見王守仁：《王文成公全書》卷三四『附錄三』，王曉昕、趙平略點校，第一四八七頁。

[四] 黃綰：《陽明先生存稿序》，《黃綰集》卷一二『序』，張宏敏編校，第二二七頁。

[五] 萬曆《貴州通志》卷二四《藝文志四・書籍錄》，第五二〇頁。

統之中，都自成一連續性知識譜系，是可反映陽明學地域分佈及傳播特點。而貴陽作為陽明文獻刊刻與流通之重要地點，顯然也躍躍然成為一大全國性心學傳播之核心區域。

由此可見，貴陽本《續編》的刊刻，從版本淵源流變及其譜系看，實具有承上啟發下的重要作用。而黔中學者陳文學、葉梧，既勘對《續編》新刊本，又重校《文錄》補刻本，就陽明文獻傳播史而言，實屬罕見，厥功甚偉。則斯二人之史跡，亦頗值得關注。

五、陽明與黔中弟子的往返互動與情感聯繫

兩次參與校刻陽明著述者陳文學，史籍明載其「少事陽明先生」[一]，當為龍岡、文明兩書院早期受業諸生，後人以為「黔中學者得其傳者，惟陳宗魯及（湯）伯元。宗魯得陽明之和，（伯元）先生得陽明之正」[二]。陽明曾有《贈陳宗魯》詩：「學文須學古，脫俗去陳言。譬若千丈木，勿為藤蔓纏。又如崑崙派，一瀉成大川。人言古今異，此語皆虛傳。吾苟得其意，今古何異焉？子才良可進，望汝師聖賢。學文乃餘事，聊云子所偏。」[三]該詩或題作「示陳宗魯」，未見丘養浩嘉靖三年本有載，必先收入黔刊本《居夷集》，始輾轉錄入《王文成公全書》「續編」，有邵元善「余姚王陽明先生謫官龍場時，（宗魯）先生師事之，今《居夷集》中「示陳宗魯」是也」[四]之說可證。則早出之黔本《居夷集》，錢德洪極有可能已獲見，並為其所編之《陽明先生文錄》所甄採，亦難免不以陽明早年「未定之論」為由[五]，時加砍削

[一] 郭子章：萬曆《黔記》卷四七《鄉賢傳四·耀州知州陳文學傳》，趙平略點校，第一〇〇四頁。

[二] 莫友芝：《黔詩紀略》卷三「太守湯伯元嵎傳證」，同治十三年遵義唐氏夢研齋金陵刻本，第一三頁。

[三] 《贈陳宗魯》，《王文成公全書》卷三九「續編三」，王曉昕、趙平略點校，第一二三九頁。

[四] 邵元善：《陳耀州詩集序》，引自郭子章：萬曆《黔記》卷一五《藝文志下》，趙平略點校，第三八二頁。

[五] 錢德洪：《陽明先生文錄序》，徐愛、錢德洪、董澐：《徐愛 錢德洪 董澐集·錢德洪語錄詩文輯佚》，錢明編校整理，第一八三頁。

或刪汰，未刪者必多為謝廷傑《全書》本所收。然亦可見黔本所載必較他本為多，遂有不見於丘養浩刻本，反見諸《全書》本者[一]。

尤宜注意者，陳文學又有《借陽明集》詩：『不拜先生四十年，病居無事檢遺編。羲文周孔傳千聖，河漢江淮會百川。』[二]陳氏既兩次參校陽明文集，則經其手校之《續編》新刊本及《文錄》重刻本，必常置案頭，難有再借之怪事。故其所借者，必為省外流入之本，極有可能即為歐陽南野門人聞東新刊之《陽明先生文錄》。是書嘉靖二十九年（一五五〇）刊刻於關中天水，幾乎同一時間傳入貴州，時距正德四年（一五〇九）歲杪陽明離開黔地，恰好符合詩中所云『四十年』之數。適可見黔省與中原江南，學者間之交流依然十分頻繁。

與陳文學一樣，葉梧亦陽明早期在黔弟子。蓋陽明之學，乃因謫官貴州而成，最突出者即龍場大悟，直契儒家聖賢新境，遂往返龍場、貴陽兩地，主講龍岡與文明書院，『當日坐擁皋比，講習不輟，黔之聞風來學者，卉衣鴂舌之徒，雍雍濟濟，周旋門庭』。因而不僅在黔時多與諸生俎豆論道，即離黔後亦時有詩文往返，後人乃以『教何其廣，而澤何其深且遠』評之[三]。與贈詩陳文學以勵志類似，陽明亦有書寄葉梧守職云：

消息久不聞，徐曰仁來，得子蒼書，始知掌教新化，得遂迎養之樂，殊慰殊慰！古之為貧而仕者正如此，子蒼安得以位卑為小就乎？苟以其平日所學薰陶接引，使一方人士得有所觀感，誠可以不愧其職。今之為大官者何限，能免竊祿之譏者幾人哉？子蒼勉之，毋以世俗之見為懷也。[四]

[一] 丘養浩刻本《居夷集》，內有《始得東洞遂改為陽明小洞天》一首，為謝廷傑所編《王文成全書》本所未收。而黔本《居夷集》之《贈陳宗魯》，又未見丘本有載。適可見黔本與丘本，兩者之間必有異同，均經錢德洪之手有取有舍，而在晚出合編之《全書》本上亦有所反映。

[二] 丘養浩刻本《居夷集》，內有《始得東洞遂改為陽明小洞天》一首，為謝廷傑所編《王文成全書》本所未收。而黔本《居夷集》之《贈陳宗魯》，又未見丘本有載。適可見黔本與丘本，兩者之間必有異同，均經錢德洪之手有取有舍，而在晚出合編之《全書》本上亦有所反映。

[三] 以上均見田雯：《黔書》卷下『陽明書院』條，《黔書·續黔書·黔記·黔語》合刊本，羅書勤等點校，貴陽：貴州人民出版社一九九二年版，第九一頁。

[四] 王陽明：《寄葉子蒼》，《新刊陽明先生文錄續編》卷一『書類』，第一四三至一四四頁。

葉梧正德年間曾任湖南新化教諭，當地志乘稱他『純厚平實』[一]，『立教嚴肅，諸生憚之』[二]。時徐愛當也逆沅江進入湖南西部，與葉梧謀面並帶回其問候師門書信，陽明之回劄即撰於徐愛自湖南返歸後不久[三]。足證陽明雖認為『吾所以念諸友者，不在書劄之有無。諸友誠相勉於善，則凡晝之所誦，夜之所思，孰非吾書劄乎？』[四]實際仍多有書信往返，不僅情常有所馳念牽掛，即言亦多以改過責善相勉，不啻古君子之交。尤其陽明『赴龍場時，隨地講授』[五]，而當地士民『悃朴少華，至道尤易』[六]，遂培養了大批黔中志道弟子。誠如徐愛《贈臨清掌教友人李良臣》詩所說：『吾師謫貴陽，君始來從學。異域樂群英，空谷振孤鐸。』[七]雖針對個人而言，亦可見群體之品性。陽明講學，攝受力極大，按照錢德洪的說法，『諸生每聽講，出門未嘗不踴躍稱快，以昧入者以明出，以疑入者以悟出，以憂憤愊憶入者以融釋脱落出，嗚呼休哉！不圖講學之至於斯也』[八]。其所描述者，雖主要為晚年聚講之情形，然亦可藉以窺知早年傳道之資訊。王杏於街頭巷尾聽到藹藹越音，也是陽明教人習禮歌詩轉移民風的結果。具見師生道義切嗟，大得孔門弦歌不輟之樂。後人

[一] 隆慶《寶慶府志》卷四《人事考·教諭》，明隆慶元年刻本，第六五頁。

[二] 同治《新化縣志》卷一五《官師志二》，清同治十一年刻本，第六頁。

[三] 徐愛《橫山集》收有《衡陽紀夢》《長沙署次韻》《登岳陽樓有懷》《自華容抵武陵春望》《武陵客署感事》等詩作，均可證其在湖南境內有一次長游，並深入到包括新化在內的湘西，與葉梧有過謀面。葉梧既托其帶信，則二人必有深交。詳見徐愛、錢德洪、董澐：《徐愛 錢德洪 董澐集》，錢明編校整理，第三一、三二、三五、三六頁。

[四] 王陽明：《寄貴陽諸生》，《新刊陽明先生文錄續編》卷一『書類』，第一一三頁。

[五] 錢德洪：《王陽明年譜》『正德五年庚午』條，載王陽明：《王文成公全書》卷三二『附錄一』，王曉昕、趙平略點校，第一三九八頁。

[六] 嘉靖《貴州通志》卷三《風俗·貴州布政司宣慰司》，第一一七頁。

[七] 徐愛：《橫山集·贈臨清掌教友人李良臣》，徐愛、錢德洪、董澐：《徐愛 錢德洪 董澐集》，錢明編校整理，第七頁。

[八] 錢德洪：《刻文錄敘說》，徐愛、錢德洪、董澐：《徐愛 錢德洪 董澐集·錢德洪語錄詩文輯佚》，錢明編校整理，第一八六頁。

感慨『士慣用變意者，文教將暨遐方，天假先生行以振起之乎』[一]，當是透過實際觀察才得出的結論。甚至陽明離開貴陽以及逝世後，其情其義仍長久存活在黔中學子的精神世界之中，表現為他們處世行為的氣節風範，轉化為『覺民行道』建構秩序的動力資源。刊刻《續編》以廣流傳，便是他們紀念陽明的最好方式，表面雖僅是少數個別人的行為，實際上乃有知識精英群體的支持。其中湯哻、陳文學、葉梧之貢獻尤足稱道，他們與後來『聞而私淑』陽明的馬廷錫、孫應鰲、李渭一樣，都『真有朝聞夕可之意』，完全『可以不愧龍場矣』[二]。

六、邊地王學的發展與《續編》的文獻學價值

貴陽本《續編》梓行之前，《文錄》傳世者除貴州按察司提學道刻本外，可數者僅有鄒守益所編之嘉靖六年本及黃綰嘉靖十二年本兩種。《續編》較諸錢德洪刊刻之《文錄》，可謂同時而稍早，以貴州按察司提學道本《文錄》與王杏刻本《續編》合觀，不能不說在鄒本與黃本之外，又多了一個地域性的版本系統，其文獻價值之重要，自不必贅言。而王杏與錢德洪，一冷居西南，一鬧處江南，雖各不相謀，卻同刻《文錄》，仍可謂同聲相應。與錢氏刻本以『正錄』『外集』『別錄』分篇，篇下再區分文類，並一一注明年代不同，貴陽本則無有『正』『外』『別』之界劃，一概按文體部居類次，不出注年月。或許由於錢氏過於迴護師道，擔心時人或後世攻詰，同時自居陽明高弟發話地位，擁有師門著述之責任處理權，遂過多重視陽明晚年定論之言，『自滁以後文字，雖片紙隻字不敢遺棄』[三]，而於早年文字特別是所謂未定之論，則憑一己主觀之見多加刪汰，不僅減損了分析陽明一生思想發展變化的線索依據，而且也模糊了心學傳播歷史必有的地域面相，即使置於知人論世整個學術傳統之中，也有其違理礙情不合法之處。幸貴陽本《續編》所載，多有《全書》本所未收者，極有可能即為錢氏有意砍削之文，皆可補充陽明思想發展及地域傳播的微妙細節。當有必要將

[一] 王杏：《陽明書院記》，引自嘉靖《貴州通志》卷六《學校·貴州布政司宣慰司》，第二七五頁。

[二] 郭子章：萬曆《黔記》卷四五《鄉賢列傳二·蠙衣生曰》，趙平略點校，第九八一頁。

[三] 錢德洪：《刻文錄序說》，徐愛、錢德洪、董澐：《徐愛 錢德洪 董澐集·錢德洪語錄詩文輯佚》，錢明編校整理，第一八七頁。

《全書》本未載之篇，依其固有卷次列表如左：

《王文成公全書》失收貴陽刻本《文錄》詩文篇名表

篇名	與尚謙尚遷子修書	寄雲卿	奉石谷吳先生書	答徐子積	孺人詹母越氏墓誌銘
卷次類目	卷一書類	卷一書類	卷二書類	卷二書類	卷二墓誌
篇名	與薛子修書	答汪仁峯	答王應韶	書劉生卷	送人致仕
卷次類目	卷一書類	卷一書類	卷二書類	卷二政類	卷二詩類・五言律詩
篇名	答懋貞少參	寄貴陽諸生	答汪抑之（又一通）	策問一道	龍岡謾書
卷次類目	卷一書類	卷一書類	卷二書類	卷二雜著	卷三詩類・七言律詩
篇名	答文鳴提學	寄葉子蒼	答陳文鳴	蜀府伴讀曹先生墓誌銘	
卷次類目	卷一書類	卷一書類	卷二書類	卷二墓誌	

由於《王文成公全書》梓行之前，陽明撰述均『各自為書，單行於世』[一]，謝氏所編《全書》乃仿《朱子全書》之例，凡所能見之單行本，內容大體已為其涵蓋，陽明學之能風行天下，亦與其『附於朱子之學而並傳』密契相關[二]。因而《全書》本既出，單行本遂廢，不僅貴陽本《文錄》《續編》絕少為人所知，即黃（綰）、錢（德洪）所刻之書亦鮮見流傳，以致上述未為《全書》本所收之詩文，均長期存而如亡，自明迄清少見人提及[三]，表面仍托身於欲求傳世之書中，實際則沉沒隱晦已接近五百年。

上表所列歷來鮮少為人所知之詩文，提供了大量可以說明陽明思想發展的微妙細節。例如，《答汪仁峯》談到『朱陸異同之辯，固某平日之所以取謗速尤者，亦嘗欲為一書以明陸學之非禪見，朱說之猶有未定者。又恐世之學者，先懷黨同伐異之心，將觀其言而不入，反激怒焉。乃取朱子晚年悔悟之說，集為小冊，名曰《朱子晚年定論》，使具眼者自擇焉，將二家之學，不待辯說而自明也』[四]。即可見陽明因其說多與朱子有異，每每遭受巨大誹謗非議，遂急於刊刻《朱子晚年定論》，以爭取更多的認同資源。如果取該文與收入《全書》本的《朱子晚年定論》比較，尤其是比對序言中『予既自幸其說之不謬於朱子，又喜朱子之先得我心之同』等自辯之語[五]，則《答汪仁峯》無疑多提供了一重瞭解其撰寫《朱子晚年定論》的時代氛圍與文化心理背景。而《與薛子修書》強調『心之良知，是謂聖人之學，致此良知而已矣。謂良知之外尚有可致之知者，侮聖言者也』[六]，亦可見陽明一生學問的歸宿，即

[一] 胡泉：《王陽明先生書疏證序》，日本九州大學藏《王陽明先生書疏證》清刊本，又見王守仁：《王陽明全集》卷四一『序說』，吳光等編校，第一六二五頁。
[二] 胡泉：《王陽明先生書疏證序》，日本九州大學藏《王陽明先生書疏證》清刊本，又見王守仁：《王陽明全集》卷四一『序說』，吳光等編校，第一六二五頁。
[三] 最早介紹黔刻本《續編》之『佚文』者，乃日本學者永富青地，見氏著《上海圖書館藏〈新刊陽明先生文錄續編〉について》，《東洋の思想と宗教》第二三號。然《續編》原書俱在，稱為『佚文』，於義似有未安，不如採用『存而若佚』一詞，似更準確。
[四] 王陽明：《答汪仁峯》，《新刊陽明先生文錄續編》卷一『書類』，第一〇五至一〇六頁。
[五] 王守仁：《朱子晚年定論序》，《王文成公全書》卷三『語錄三』，王曉昕、趙平略點校，第一五八頁。
[六] 王陽明：《與薛子修書》，《新刊陽明先生文錄續編》卷一『書類』，第七七頁。

為『致良知』之學。『致良知』本質上即為本體實踐之學，也是儒家學聖成聖之『正法眼藏』[一]。他在《寄雲卿》中之諄諄告誡：『君子之學，惟求自得，不以毀譽為欣戚，不為世俗較是非，不以榮辱亂所守，不以死生二其心。』[二]顯然既得力於龍場悟道後的深邃生命，也反映了良知說最重要者仍在工夫，工夫則以『自得』為標準，不能不有『事上磨煉』的社會化實踐過程[三]，同時也要轉化頂天立地的主體人格自我精神。

　　貴陽《續編》既梓刻於黔地，故凡涉陽明在黔活動，尤其與黔中王門有關事蹟，不見於《全書》本者，則多載是書。其中如《孺人詹母越氏墓誌銘》，其墓誌實物一九五五年出土於貴陽城西，誌石今藏貴州省博物館，上有徐節篆寫蓋文：『明封孺人詹母越氏墓誌銘』一行，志文分題『賜進士出身余姚王守仁撰』『賜進士出身通奉大夫都察院右副都御史那人徐節篆』『鄉進士奉直大夫雲南北勝州知州嘉禾汪漢書』[四]。而陽明之手書真跡原件，今亦藏於浙江省博物館[五]。版刻典籍、出土文物、作者手跡，三者俱在而可互證，誠可謂罕見難逢，不能不稱為奇事。墓誌涉及之人物，如篆寫蓋文之徐節，『字時中，其先壽昌人，戍籍貴州衛……幼習易於御史陳鑒，大奇之，遺以易義。成化壬辰舉進士』。曆官雲南右參政、右副都御史、山西巡撫，『以廉正忤劉瑾，瑾矯制削

[一] 王守仁：《與楊仕鳴》，《王文成公全書》卷五『文錄三』，王曉昕、趙平略點校，第二二四頁。

[二] 王陽明：《寄雲卿》，《新刊陽明先生文錄續編》卷一『書類』，第九七頁。

[三] 王守仁：《傳習錄下》，《王文成公全書》卷三『語錄三』，王曉昕、趙平略點校，第一一四頁。

[四] 貴州省博物館編：《貴州省墓誌選集·明詹木妻越孺人墓誌銘》，一九八六年內部鉛印本，第三〇至三一頁；又見貴陽市志編纂委員會編：《貴陽市志·文物志》，貴陽：貴州人民出版社一九九三年版，第二三二頁。

[五] 陽明手跡原件長111.1釐米，寬26.6釐米，詳見計文淵《吉光片羽彌足珍》，釋文可參束景南：《陽明佚文輯考編年》，上海：上海古籍出版社二〇一二年版，第二七八至二七九頁。

秩，罷歸。瑾誅，奉詔復職致仕。比老，自擬淵明。生作挽歌行狀，以示其門人汪沐，訣別如平時』[一]，撰有《蟬噪》等集，當與陽明有過從。墓主越氏乃詹恩母，恩字蓋臣，貴州衛人，先世或可溯至江西玉山[二]。恩乃『弘治八年（一四九五）舉人，弘治十二年（一四九九）進士，任大理寺評事』[三]。進士會試與陽明同科[四]，故陽明撰《墓誌銘》，遂稱其為『年友』。恩之父『評事公好奇，有文事，累立軍功，倜儻善遊。嘗自滇南入蜀，逾湘，歷吳、楚、齊、魯、燕、趙之區，動逾年歲』[五]，必在雲南時即與汪漢有交誼。恩之祖父英，字秀實，號止庵，為人『豪邁不羈，成化年間領雲南鄉薦，授河西教諭』[六]，『執師道，條約肅然，時用兵麓川，英畫策以聞，且劾主司之過，英廟以英有識，俾贊軍事，英辭不就，士論高之』[七]。英『卒二十年，大理寺副詹恩，公孫也。請於編修羅玘，表其墓』[八]。檢讀羅玘《圭峯集》卷十九『墓表』，《止庵詹先生墓表》果在其中。清貴州巡撫田雯表彰有明一代『以理學文章氣節著』之黔中士子，詹英之名即赫然列在其中，亦不失為『大雅復作，聲聞特達者也』[九]。繼羅玘受詹恩之請

[一] 郭子章：萬曆《黔記》卷四四《鄉賢列傳一·右副都御史徐節傳》，趙平略點校，第九六九至九七〇頁。
[二] 郭子章：萬曆《黔記》卷四七《鄉賢列傳四·教諭詹英傳》，趙平略點校，第九九七至九九八頁。
[三] 弘治《貴州圖經新志》卷三《貴州宣慰使司下·科貢》，第五七頁。
[四] 錢德洪：《王陽明年譜》『弘治十二年己未』條稱：『是年春會試，（陽明）舉南宮第二人，賜二甲進士出身第七人。』見王守仁：《王文成公全書》卷三二『附錄一』，王曉昕、趙平略點校，第一三九一頁。
[五] 以上均見王陽明：《孺人詹母越氏墓誌銘》，《新刊陽明先生文錄續編》卷二『墓誌』，第二六八頁。
[六] 弘治《貴州圖經新志》卷三《貴州宣慰使司下·人物·詹英傳》，第五四頁。
[七] 嘉靖《貴州通志》卷九《人物·貴州布政司宣慰司·詹英傳》，第四三六頁。
[八] 郭子章：萬曆《黔記》卷四七《鄉賢列傳四·教諭詹英傳》，趙平略點校，第九九七至九九八頁。
[九] 田雯：《黔書》卷下『人物名宦』條，《黔書·續黔書·黔記·黔語》合刊本，羅書勤等點校，第六九頁。

為其祖撰墓誌之後，越二十年，陽明又為其母越氏作墓表，時詹恩剛卒一年，陽明以『言事謫貴陽』，有感於『不及為蓋臣銘，銘其母之墓』，乃成此文，為《續編》所收。而越氏之『高祖為元平章，曾祖鎮江路總管』，亦明初始『來居貴陽』者[一]。陽明嘗自謂：『吾居龍場時，夷人言語不通，所可與言者中土亡命之流……久之，並夷人亦欣欣相向。』[二]初到貴陽時，陽明多『與中土亡命之流』過從，後來才將交往範圍擴大至『夷人』文化圈，透過《止庵詹先生墓表》一文，尤其是他與詹氏一家以及徐節等人的往來，也能客觀清晰地觸摸感受到。

陽明有《龍岡新構》詩，已載入《王文成公全書》。詩前冠育小序云：『諸夷以予穴居頗陰濕，請構小廬，欣然趨事，不月而成。諸生聞之，亦皆來集，請名龍岡書院，其軒曰「何陋」。』[三]《續編》則有《全書》失載之《龍岡謾書》詩：『子規晝啼蠻日荒，柴扉寂寂春茫茫。北山之薇應笑汝，汝胡局促淹他方。彩凰葳蕤臨紫蒼，子亦鼓棹還滄浪。只今已在由求下，顏閔高風安可望。』[四]詩或稍早於龍岡書院建成前，然亦可見其創辦書院之前後心境。龍岡書院乃陽明創辦之首家心學道場，一時諸生聞而前來聽講者，人數頗多，座下不乏附庸風雅者，然亦培養了一批最早接受並傳播心學思想的知識精英。所謂『教化大行於貴州，陳宗魯等於是出焉』[五]，便是當時情景最好的描繪。陳氏《龍岡書院歌》亦有句云：『何陋軒旁石碑卧，何陋軒文壁頭破。

[一] 以上均見王陽明：《孺人詹母越氏墓誌銘》，《新刊陽明先生文錄續編》卷二『墓誌』，第二六八至二六九頁。

[二] 陳榮捷：《王陽明傳習錄詳注集評・傳習錄拾遺》，第三九九頁。按錢德洪《王陽明年譜》『正德三年戊辰』條亦稱陽明初到貴州時，『與居夷人鴂舌難語，可通語者，皆中土亡之道命……居久，夷人亦日來親狎』。或可相互印正，當一併參閱。見王守仁：《王文成公全書》卷三二『附錄一』，王曉昕、趙平略點校，第一三九五至一三九六頁。

[三] 王守仁：《龍岡新構》，《王文成公全書》卷一九『外集一』，第八三八頁。

[四] 王陽明：《龍岡謾書》，《新刊陽明先生文錄續編》卷三『詩類・七言律詩』，第四一八頁。

[五] 道光《貴陽府志》卷五六《明奉使政績錄第五・王守仁傳》，第一一四八頁。

傷悲壁破石未磨，四十餘年昕夕那。』[一]適可見黔中弟子闊別陽明既久，思念之情亦隨年歲積久而愈加深長。陳詩撰作時間，當與其重校《文錄》同時。而未見於《全書》之陽明《寄貴陽諸生》，也特別提到『諸友書來，間有疑吾久不寄一字者。吾豈遂忘諸友哉，顧吾心方有去留之擾，又部中亦多事，率難遇便，遇便適復不暇，事固有相左者，是以闊焉許時』[二]。則信必當撰於正德十六年（一五二一）陽明升南京兵部尚書，不赴並『疏乞便道省葬』稍後不久[三]。是時陽明已經歷了『（張）忠、（許）泰之變』，雖已走出誹謗構陷危疑困局[四]，但也親身感受到『仕途如爛泥坑，勿入其中，鮮易復出』[五]，即在去留未決困頓憂慮之際，亦未忘出以『為仁由己，而由人乎哉？諸友勉之』等語[六]，以激勵黔中弟子。足證其與黔中弟子書信往返，雖時斷時續，然道交感應，情義不問自通，始終長駐各人心間。陽明早期離開黔地，於鎮遠以書信話別時，曾有言云：『別時不勝凄惘，夢寐中尚在西麓，醒來卻在數百里外也。相見未期，努力進修，以俟後會。』[七]葉子蒼之名，即見於該信手跡中。收入《續編》之《寄葉子蒼》，亦必系葉氏校書時，據陽明手書載入者，均可見陽明繫念貴州學子之情，終其一生，從未斷過。教澤入於人心者甚深，影響播之山川者亦廣。至於黔人之懷念陽明，則如陳文學《贈汪識環歌》所云：『慨昔陽明翁，過化此邊疆。崒嵂龍場岡，

[一] 陳文學：《龍岡書院歌》，引自嘉靖《貴州通志》卷六《學校·龍岡書院》，第二七五頁。
[二] 王陽明：《寄貴陽諸生》，《新刊陽明先生文錄續編》卷一『書類』，第一一二頁。
[三] 錢德洪：《王陽明年譜》『正德十六年辛巳』條，載王陽明：《王文成公全書》卷三三『附錄二』，王曉昕、趙平略點校，第一四五八頁。
[四] 參閲張新民：《陽明精粹·哲思探微》，貴陽：孔學堂書局二〇一四年版，第七三至八三頁。
[五] 王守仁：《與黃宗賢》，《王文成公全書》卷四『文錄一』，王曉昕、趙平略點校，第一八七頁。
[六] 王陽明：《寄貴陽諸生》，《新刊陽明先生文錄續編》卷一『書類』，第一一三頁。
[七] 王守仁：《與惟善書》，高野侯編：《古今尺牘墨蹟大觀》（第2輯），第三四至四二頁。

夙願終當償。駕言道阻長，吾道歌滄浪。』[一]經過數代王門弟子的傳承，『黔之士肆，成人有德，小子有造，彬彬然盛矣』[二]。《續編》既刊刻於黔地，所載多有《全書》失收之文，提供了大量陽明與貴州學者往返互動的情況，透露出很多黔地王門學者活動的資訊，其書價值不容忽視。

七、開卷展讀當求得其意而能傳其道

陽明之書究竟應當如何讀？錢德洪強調：『傳言者不貴乎盡其博，而貴乎得其意。得其意，雖一言之約，足以入道；不得其意，而徒示其博，則氾濫失真，匪徒無益，是眩之也。』[三]儘管陽明『為文博大昌達，詩亦秀逸有致，不獨事功可稱，其文章自足傳世』[四]。《續編》之編排亦依文別類，容易引起他人重詞章末節，而非身心本源之學的質疑，但實際上王杏也與錢德洪一樣，認為如果只汲汲於表面的辭句或文章，不知有更深一層的本真生命的實踐性體驗，則不僅有違於陽明傳道設教的初衷，甚至也不符合黔人傳播其學的本懷。因而與錢德洪的看法類似，王杏也特別強調：

（陽明）先生謫寓茲土，遺惠在人，思其人而不可見，故於文致重也。其勿剪甘棠之義乎？或又謂先生之文，簡易精明而波瀾起伏，倏忽萬狀，文士視以為則焉，故若是其汲汲歟，是皆未得貴人之心者也。先生處貴僅期月，位不過一恒品，惠澤布流，宜若有限；而由今所垂，乃有不世之休焉。可以觀教矣。先生以道設教，而貴人惟教之由無他也，致其心之知焉而已矣。知吾知也，其心之自有者

[一] 郭子章：萬曆《黔記》卷四七《鄉賢傳四·耀州知州陳文學傳》，趙平略點校，第一〇〇四頁。
[二] 田雯：《黔書》卷下『陽明書院』條，《黔書·續黔書·黔記·黔語》合刊本，羅書勤等點校，第九一頁。
[三] 錢德洪：《刻文錄敘說》，徐愛、錢德洪、董澐：《徐愛 錢德洪 董澐集·錢德洪語錄詩文輯佚》，錢明編校整理，第一八八至一八九頁。
[四] 永瑢等：《四庫全書總目》卷一七一『集部別集類·《王文成全書》』，第一四九八頁。

也。先生詔之，而貴人聽之。吾有而吾自教焉爾。故昔日之所面授，此心也，此道也；今日之所以垂錄，此心也，此道也，能不汲汲於求乎？是求之者非以先生也，非以其文也，求在我者也，其或越是而在外者之是索，面對而心相非者有矣。其肯求之耶，其肯求之於異日耶？彼謂因惠而思，思先生者也。以文為則，又其淺之者耳！豈足以知貴人之心哉？[一]

王杏既私淑陽明，入黔後又多與王門早期弟子湯哻、葉梧、陳文學交往過從，沃聞陽明龍場悟道各種遺事，瞭解『知行合一』之說，後又與陽明晚期弟子『南野歐陽德、念庵羅洪先、荊川唐順之、龍溪王畿講求陽明致知之學，訓迪諸士，多所成立』[二]。今《明儒學案》引有王畿（字龍溪）回答『王鯉湖問慎獨之旨，但令善意必行，惡意必阻』[三]，工夫應該如何的答語，實出自羅洪先《冬遊記》，為王杏、羅洪先、王畿三人聚會時之晤談[四]。相關的討論以後還以書信的方式繼續展開，今存王畿《答王鯉湖》亦保存了不少有趣的討論內容[五]，均可見他不僅與王門學者多有交往，同時也在身心之學上下過工夫。因而他特別強調龍場悟道後，陽明在黔所『面授』者，無非是人人均有的原初本心，無非是即內在即超越的形上大道，最根本的仍是返歸本源真實的自我。《續編》的梓刻傳播作為一種『垂教』方法，讀其書者也決不可舍此而汲汲他求。

十分明顯，王杏所表達者並非個人一己之見，而是黔中學者的集體性共識。類似的看法亦見於他所撰寫的《陽明書院記》，從中

[一] 王杏：《書文錄續編後》，載王陽明：《新刊陽明先生文錄續編》，第四八五至四八八頁。
[二] 光緒《奉化縣志》卷二四《人物·王杏傳》引《康熙（奉化）志》，光緒三十四年刻本。又見《中華叢書·四明方志叢刊》，（臺灣）中華叢書委員會編，第一二五四頁。
[三] 黃宗羲：《明儒學案》卷一八《江右王門學案三·文恭羅念庵先生洪先》，沈芝盈點校，第四一二頁。
[四] 羅洪先：《冬遊記》，《羅洪先集》卷三『記』，徐儒宗編校整理，南京：鳳凰出版社二〇〇七年版，第五三至五四頁。
[五] 王畿：《答王鯉湖》，《王畿集》卷一〇，吳震編校整理，南京：鳳凰出版社二〇〇七年版，第二六四頁。

可知親炙陽明之黔中學者，嘉靖年間曾有一系列的紀念陽明的活動，最突出者即為建修祭祀專祠與刊刻書籍兩件大事。黔人所追尊者固然不能説與陽明無關，更重要的則是行人人可返身而得的天下大道。故特節録其文如下：

夫尊其人，在行其道，想像於其外，不若佩教於其身。（陽明）先生之教，諸君所親承者也。德音鑿鑿，聞者飫矣；光範丕丕，炙者切矣；精蘊玄玄，領者深矣。諸君何必他求哉？以聞之昔日者傾耳聽之，有不以道，則曰非先生法言也，吾何敢言？以見之昔者凝目視之，有不以道，則曰非先生德行也，吾何敢行？以領之昔日者而潛心會之，有不以道，則曰非先生精思也，吾何敢思？言先生之言，而德音以接也；行先生之行，而光範以睹也；思先生之思，而精蘊以傳也，其為追崇何尚焉。[一]

上述文字，錢德洪撰《王陽明年譜》俱載之[二]，李贄續編《年譜》亦踵而節抄之[三]，均可見『陽明子之學言於天下，由貴始也；夫貴也，殆先生精神所留乎』[四]。故黔中王門之史跡，並非完全不為外界所知。惟黔人質樸，『以氣節相高』[五]，不好自我表曝，雖親承陽明之教，能在『言』『行』『思』等多方面發揚光大陽明之真精神，其行為事蹟斑斑可考，仍歷來鮮少有人提及，隱晦不彰者頗多。王杏既入黔，而與黔中學者交往，可謂能知黔人之學者，故乃汲汲表彰之。其與黔地學者合作，梓刻《續編》一書，雖只是黔中王門諸多大事之一，實亦王學發展一段重要歷史因緣。讀其文非僅可瞭解黔中王學早期發展情況，亦有裨於《文録》之閲讀及其理解。

[一] 王杏：《陽明書院記》，引自嘉靖《貴州通志》卷六《學校・貴州布政司宣慰司》，第二七五至二七六頁。原文文字及標點多有錯訛，參照嘉靖刻本有所訂改。
[二] 錢德洪：《王陽明年譜》『嘉靖十三年甲午五月』條，載王陽明：《王文成公全書》卷三四『附録二』，王曉昕、趙平略點校，第一五一九至一五二〇頁。
[三] 李贄：《陽明先生年譜・譜後人》『嘉靖十三年甲午五月』條，載趙永剛編：《王陽明年譜輯存》（二），鍾翌晨點校，第七二至七三頁。
[四] 王學益：《陽明書院記》，引自嘉靖《貴州通志》卷六《學校・貴州布政司宣慰司》，第二七七頁。
[五] 嘉靖《貴州通志》卷三《風俗・貴州布政司宣慰司》，第一一六頁。

《續編》原刻本『刀法樸茂，别具古趣』[一]，不僅為黔中難得一見之珍本，即使置諸全國範圍也堪稱佳槧，當然更是陽明文獻學研究必讀之要籍。本書一方面以影印存真的方式再次刊行，俾讀者一睹珍本原貌；另一方面也以點校整理的方式鋟版重梓，助學者開卷展讀、身心受益，庶幾前人代代相續之道統學統不致消歇中輟，賢者能夠發揚光大並垂久於將來。茲事體大，乃公諸群賢盼賜教焉。

庚子年初春謹撰於築垣花溪依庸山寓所，時年七十

（作者系貴州大學中國文化書院榮譽院長、教授）

[一] 黄裳：《新刊陽明先生文録續編》墨批識語，見《新刊陽明先生文録續編》，上海圖書館藏嘉靖十四年刻本，封面。

目録

卷二

書類

跋類

卷三

此黑口本陽明文錄續編三卷，佳書也。世未有以之著錄者，通行之本大抵皆重刊彙編本耳。余前得居夷集三卷，嘉靖甲申刊于黔中者，時先生尚存。此集則刊於棄世後七年，亦貴州刊本，刀法樸茂，別具古趣。大抵名人文集多傳彙刻全書，而單刊者反易湮沒，是更足增重者。無人題識，未暇取校，不知此有逸出全集之外者否。

壬辰二月二日黃裳

黃裳

同治元年壬戌九月晦日讀於棠川寓舍
時患黃病　鶴書主人記

新刊陽明先生文録續編總目

卷之一

文類

新刊陽明先生文録續編卷之一

大學古本序

大學之要誠意而已矣誠意之功格物而已矣誠意之極止至善而已矣止至善之則致知而已矣正心復其體也脩身著其用也以言乎已謂之明德以言乎人謂之親民以言乎天地之間則備矣是故至善也者心之本體也動而後有不善而本體之知未嘗不知也意者其動也物者其事也致其本體之知而動無不善然非即其事而格之則

亦無以致其知故致知者誠意之本也格物者致知之實也物格則知致意誠而有以復其本體是之謂止至善聖人懼人之求之於外也而反覆其辭舊本析而聖人之意亡矣是故不務於誠意而徒以格物者謂之支不事於格物而徒以誠意者謂之虚不本於致知而徒以格物誠意者謂之妄支與虚與妄其於至善也遠矣合之以敬而益綴補之以傳而益離吾懼學之日遠於至善也去分章而復舊本傍為之釋以引其義庶幾復見聖人

之心而求之者有其要噫乃若致知則存乎心悟致知焉盡矣

大學問

大學者昔儒以為大人之學矣敢問大人之學何以在於明明德乎陽明子曰大人者以天地萬物為一體者也其視天下猶一家中國猶一人焉若夫間形骸而分爾我者小人矣大人之能以天地萬物為一體也非異之也其心之仁本若是其與天地萬物而為一也豈惟大人雖小人之心亦莫

不然彼顧自小之耳是故見孺子之入井而必有怵惕惻隱之心焉是其仁之與孺子而爲一體也孺子猶同類者也見鳥獸之哀鳴觳觫而必有不忍之心焉是其仁之與鳥獸而爲一體也鳥獸猶有知覺者也見草木之摧折而必有憫恤之心焉是其仁之與草木而爲一體也草木猶有生意者也見瓦石之毀壞而必有顧惜之心焉是其仁之與瓦石而爲一體也是其一體之仁也雖小人之心亦必有之是乃根於天命之性而自然靈昭不

昧者也是故謂之明德小人之心既已分隔隘陋矣而其一體之仁猶能不昧若此者是其未動於欲而未蔽之旹也及其動於欲蔽於私而利害相攻忿怒相激則將戕物圮類無所不為其甚至有骨肉相殘者而一體之仁亡矣是故苟無私欲之蔽則雖小人之心而其一體之仁猶大人也一有私欲之蔽則雖大人之心而其分隔隘陋猶小人矣故夫為大人之學者亦惟去其私欲之蔽以自明其明德復其天地萬物一體之本然而已耳非

能於本體之外而有所增益之也曰然則何以在親民乎曰明明德者立其天地萬物一體之體也親民者達其天地萬物一體之用也故明明德必在於親民而親民乃所以明其明德也是故親吾之父以及人之父以及天下人之父而後吾之仁實與吾之父人之父與天下人之父而為一體矣實與之為一體而後孝之明德始明矣親吾之兄以及人之兄以及天下人之兄而後吾之仁實與吾之兄人之兄與天下人之兄而為一體矣實與

之為一體而後弟之明德始明矣君臣也夫婦也朋友也以至於山川鬼神鳥獸草木也莫不實有以親之以達吾一體之仁然後吾之明德始無不明而真能以天地萬物為一體矣夫是之謂明明德於天下是之謂家齊國治而天下平是之謂盡性曰然則又烏在其為止至善乎曰至善者明德親民之極則也天命之性粹然至善其靈昭不昧者皆其至善之發見是乃明德之本體而即所謂良知者也至善之發見是而是焉非而非焉輕重

厚薄隨感隨應變動不居而亦莫不自有天然之中是乃民彝物則之極而不容少有議擬增損於其間也少有議擬增損於其間則是私意小智而非至善之謂矣自非慎獨之至惟精惟一者其孰能與於此乎後之人惟其不知至善之在吾心而用其私智以揣摸測度於其外以為事事物物各有定理也是以昧其是非之則支離決裂人欲肆而天理亡明德親民之學遂大亂於天下盖昔之人固有欲明其明德者矣然惟不知止於至善而

騖其私心於過高是以失之虛罔空寂而無有乎家國天下之施則二氏之流是矣固有欲親其民者矣然惟不知止於至善而溺其私心於卑瑣是以失之權謀智術而無有乎仁愛惻怛之誠則五伯功利之徒是矣是皆不知止於至善之過也故止至善之於明德親民也猶之規矩之於方圓也尺度之於長短也權衡之於輕重也故方圓而不止於規矩爽其則矣長短而不止於尺度乖其劑矣輕重而不止於權衡失其準矣明明德親民而

不止於至善亡其本矣故止於至善以親民而明其明德是之謂大人之學

曰知止而后有定定而后能靜靜而后能安安而后能慮慮而后能得其說何也曰人惟不知至善之在吾心而求之於其外以爲事事物物皆有定理也而求至善於事事物物之中是以支離決裂錯雜紛紜而莫知有一定之向今焉既知至善之在吾心而不假於外求則志有定向而無支離決裂錯雜紛紜之患矣無支離決裂錯雜紛紜之患

則心不妄動而能靜矣心不妄動而能靜則其日用之間從容閒暇而能安矣能安則凡一念之發一事之感其爲至善乎其非至善乎吾心之良知自有以詳審精察之而能慮矣能慮則擇之無不精處之無不當而至善於是乎可得矣
曰物有本末先儒以明德爲本新民爲末兩物而內外相對也事有終始先儒以知止爲始能得爲終一事而首尾相因也如子之說以新民爲親民則本末之說亦有所未然歟曰終始之說大略是

矣即以新民為親民而曰明德為本親民為末其説亦未為不可但不當分本末為兩物耳夫木之榦謂之本木之稍謂之末惟其一物也是以謂之本末若曰兩物則既為兩物矣又何可以言本末乎新民之意既與親民不同則明德之功自與新民為二若知明明德以親其民而親民以明其明德則明德親民焉可析而為兩乎先儒之説是蓋不知明德親民之本為一事而認以為兩事是以雖知本末之當為一物而亦不得不分為兩物也

曰古之欲明明德於天下者以至於先脩其身以吾子明德親民之說通之亦既可得而知矣敢問欲脩其身以至於致知在格物其工夫次第又何如其用力歟曰此正詳言明德親民止至善之功也蓋身心意知物者是其工夫所用之條理雖亦各有其所而其實只是一物格致誠正脩者是其條理所用之工夫雖亦皆有其名而其實只是一事何謂身心之形體運用之謂也何謂心身之靈明主宰之謂也何謂脩身為善而去惡之謂也吾

身自能爲善而去惡乎必其靈明主宰者欲爲善而去惡然後其形體運用者始能爲善而去惡也故欲脩其身者必在於先正其心也然心之本體則性也性無不善則心之本體本無不正也何從而用其正之之功乎蓋心之本體本無不正自其意念發動而後有不正故欲正其心者必就其意念之所發而正之凡其發一念而善也好之真如好好色發一念而惡也惡之真如惡惡臭則意無不誠而心可正矣然意之所發有善有惡不有以

明其善惡之分亦將真妄錯褋雖欲誠之不可得而誠矣故欲誠其意者必在於致知焉致者至也如云喪致乎哀之致易言知至至之知至者知也至之者致也致知云者非若後儒所謂充廣其知識之謂也致吾心之良知焉耳良知者孟子所謂是非之心人皆有之者也是非之心不待慮而知不待學而能是故謂之良知是乃天命之性吾心之本體自然靈昭明覺者也凡意念之發吾心之良知無有不自知者其善歟惟吾心之良知自知

之其不善歟亦惟吾心之良知自知之是皆無所
與於他人者也故雖小人之為不善既已無所不
至然其見君子則必厭然揜其不善而著其善者
是亦可以見其良知之有不容於自昧者也今欲
别善惡以誠其意惟在致其良知之所知焉爾何
則意念之發吾心之良知既知其為善矣使其不
能誠有以好之而復背而去之則是以善為惡而
自昧其知善之良知矣意念之所發吾之良知既
知其為不善矣使其不能誠有以惡之而復蹈而

為之則是以惡為善而自昧其知惡之良知矣若是則雖曰知之猶不知也意其可得而誠乎今於良知所知之善惡者無不誠好而誠惡之則不自欺其良知而意可誠也已然欲致其良知亦豈影響恍惚而懸空無實之謂乎是必實有其事矣故致知必在於格物物者事也凡意之所發必有其事意所在之事謂之物格者正也正其不正以歸於正之謂也正其不正者去惡之謂也歸於正者為善之謂也夫是之謂格書言格于上下格于文

祖格其非心格物之格實無其義也良知所知之善雖誠欲好之矣苟不即其意之所在之物而實有以為之則是物有未格而好之之意猶為未誠也良知所知之惡雖誠欲惡之矣苟不即其意之所在之物而實有以去之則是物有未格而惡之之意猶為未誠也今焉於其良知所知之善者即其意之所在之物而實為之無有乎不盡於其良知所知之惡者即其意之所在之物而實去之無有乎不盡然後物無不格而吾良知之所知者無

有虧缺障蔽而得以極其至矣夫然後吾心快然無復餘憾而自謙矣夫然後意之所發者始無自欺而可以謂之誠矣故曰物格而后知至知至而后意誠意誠而后心正心正而后身脩蓋其功夫條理雖有先後次序之可言而其體之惟一實無先後次序之可分其條理功夫雖無先後次序之可分而其用之惟精固有纖毫不可得而缺焉者此格致誠正之說所以闡堯舜之正傳而為孔氏之心印也

送林布政陞任湖廣都御史序

嘉靖丁亥冬守仁奉
命視師思田省吾林君以廣西右轄實與有事既
思田來謀所以緝綏之道咸以為非得寬厚仁恕
德威素為諸夷所信服者父臨而母撫之殆未可
以強力詭計刼制於一時而能久於無變者也則
莫有踰於省吾者矣遂以省吾之名上
請乞加憲職委重權以留無於茲土蓋一年二年
而化洽心孚

朝廷亦可以無一方之顧也乎則又以爲
聖天子方側席廟精求卓越之才以更化善治則
如省吾之成德宿望大臣且文章論薦或者請未
及上而先已有隆委峻擢恐未肯爲區區兩府之
遺黎淹歲月而借之以重也疏去未踰月而巡撫
鄖陽之命果下矣當是時八寨之猺積禍千里且
數十年方議進兵討罪省吾將率思田報効之民
以先之報聞衆咸爲省吾賀且謂得免於兵革驅
馳之勞也省吾曰不然當事而中輟之仁者恐之

乎遇難而苟避之義者爲之乎吾既身任其責幸有政命而亟去之以違吾心吾能如是哉遂弗停驅而往冒暑雨犯瘴毒乘危破險竟成八寨之伐而出嗟乎今世士大夫計逐功名甚於市井刀錐之較稍有患害可相連及輒設機阱立黨援以巧脱幸免一不遂其私瞋目攘臂以相抵捍鈎摘公然爲之曾不自以爲耻而人亦莫有非之者蓋士風之衰薄至於此而極矣而肯吾所存獨與時俗相反若是古所謂托孤寄命臨大節而不可奪者

省吾有爲正德初守仁以武選郎抵 逆瑾逮錦衣獄而省吾亦以大理評觸時諱在繫相與講易於桎梏之間者彌月蓋晝夜不怠忘其身之爲拘囚也至是別已餘二十年而始復會於此省吾貌益充氣益粹論議益平實而其孜孜講學之心則固如昔加懇切焉公事之餘相與訂舊聞而考新得予自近年偶有見於良知之學遂具以告於省吾而省吾聞之沛然若决江河真可爲平生之一快無負於二十年之別也矣夫天下之不治由於士

風之衰薄而士風之衰薄由扵學術之不明學術之不明由扵無豪傑之士者為之倡焉耳省吾忠信仁厚之質得之於天者既於人殊而其好學之心又能老而不倦若此其德之日以新而業之日以廣也何疑乎自此而明學術變士風以成天下之治將不自省吾之為之倡也乎於省吾之别庸書此以致切劘之意若夫期望扵聲位之間而繫情扵去留之際是奚足為省吾道之哉

潘氏四封録序

歙潘氏之仕於
朝者戶部主事君選大理寺副君珍戶部員外君旦大理評事君鑑凡四人正德五年冬珍旦以上三載冣選鑑以
兩宮徽號旬月之間皆得推恩封其親如其官焉於是叙八制為録侈
上之賜以光其族裔而來謂某曰德下
寵涔若之何其可請一言以永我潘氏某曰一族四顯來者相望也其盛哉夫一月之間而均被榮

渥則又何難也蓋吾聞之大山之木千仞而四榦垂蔭四峯之巔飛鳥之鳴聲不相及也春氣至而四榦之杪花葉若一則其所出之根同有不期致焉潘氏之在婺聞望自宋元而來其培本則厚四子者固亦潘氏之四榦矣是惟否塞閉晦苟際明期而諧景會其軒竦條達孰禦而夫

寵命之沾暨不約而同也其又足異哉雖然木之生風霆之鼓舞炎暑之酷烈陰寒冰雪之嚴沍剥落彼堅其質而完其氣非獨雨露之沾濡生成之

也夫恩寵爵禄雨露也號令宣播風霆也法度政事之苛密煩困炎暑也時之險阸患難顛沛陰寒氷雪之嚴冱剥落也何適而非生成四子盖亦畧嘗歷之其材中楹柱而任梁棟矣吾願潘氏之益培其根也四子拜而起曰吾其益培之以忠孝乎溉之以誠敬乎植之以義而防之以禮乎某曰然則潘氏之軒棣條達其益無窮爾已矣某不爲應酬詩文餘四年矣寺副君之爲暨陽也予嘗許之文未及爲而有南北之別今玆復見於京師而以

是責償焉故不得而辭也

贈王堯卿

終南王堯卿爲諫官三月以病致其事而去交遊之贈言者以十數而猶乞言於予甚哉吾黨之多言也夫言日茂而行益荒吾欲無言也久矣自學術之不明世之君子以名爲實凡今之所謂務乎其實皆其務乎其名者也可無察乎堯卿之行人皆以爲高矣才人皆以爲美矣學人皆以爲博矣是可以無察乎自喜於一節者不足與進於全

德之地求免於鄉人者不可以語於聖賢之途氣浮者其志不確心麄者其造不深外誇者其中日陋已矣吾惡夫言之多也虎谷有君子類無言者堯卿過焉其以予言質之

陳直夫先生南宮像贊并序

夫子稱史魚曰直哉邦有道如矢邦無道如矢謂祝鮀宋朝曰非斯人難乎免於今之世矣予嘗三復而悲之直道之難行而諛諂之易悅也豈一日哉魚之直信於後世其在當時曾不若

朝與鮀之易容也悲夫吾越直夫陳先生嚴毅
端潔其正言直氣狡蕩佞諛之士嫉視若仇彼
寧無知之卒於已非便也故先生舉進士仕不
久輒致政而歸屢薦後起又不久輒退以是也
然天下之言直者必先生與焉始予見先生於
錢江上懽然甚得先生奚取於予殆空谷之足
音耶世日趨以僥先生而在雖執鞭之事吾亦
為之今既沒矣其子世忝以先生南宮圖像請
識一言先生嘗塵視軒冕豈一第之為榮聞之

世恭盖初第時有以相遺者受而存之先生没世恭始裝演將藏諸廟則又爲子者宜尔也詩曰有服襜襜有牝翼翼在彼周行其容孔式秉笏端弁中温且栗既醉以酒既飽以德彼何人斯邦之司直邦之司直宜公宜孤既來既祖爲冠爲模執久其道衆聽且孚如江如河其趨弥汙邦之司直今也則亡

鴻泥集叙

鴻泥集十有三卷燕居集八卷半閒龍先生之

作也其子僉憲君致仁將刻諸梓而屬其叙於守仁曰斯將來之事也然吾家君老矣及見其言之傳焉庶以悦其心吾子以為是傳乎守仁曰是非所論也孝子之事親也求其悦其心志耳目惟無可致力無弗盡焉况其言語文辭精神之所存非獨意玩手澤之餘其得而忽也既思永其年又思永其名篤愛無已也將務悦其親寧是之與論乎君曰雖然吾子言之守仁曰是乃所以自盡者夫必其弗傳也斯幾於不仁

必其傳之也斯幾於不知其傳也屬之已其傳之弗傳之也屬之人姑務其屬之已也已君曰雖然吾子必言之守仁曰繪事之詩不入於風雅孺子之歌見稱於孔孟然則古之人其可傳而弗傳者多矣不異傳而傳之者有矣抑傳與不傳之間乎昔馬談之史其傳也遷成之班彪之文其傳也固述之衛武公老矣而有抑之戒蓋有道矣夫子刪詩列之大雅以訓於世吾聞先生年八十而博學匪懈不忘乎警惕又嘗類

述六經宋儒之緒論其於道也有聞矣其於言也足訓矣致仁又尊顯而張大之將益興起乎道德而發揮乎事業若泉之達其放諸海不可限而量是集也其殆有傳乎致仁起拜曰是足以為家君壽矣霓也敢忘吾子之規遂書之為敘

澹然子序

澹然子四易其號其始曰凝秀次曰完齋又次曰友葵最後為澹然子陽明子南遷遇於瀟湘

之上而語之故且屬詩焉詩而叙之其言曰人天地之心而五行之秀也凝則形而生散則游而變道之不凝雖生猶變反身而誠而道凝矣故首之以凝秀道凝於己是為率性率性而人道全斯之謂完故次之以完齋完者盡己之性也盡己之性而後能盡人之性盡萬物之性至於草木至矣葵草木之微者也故次之以友葵友葵同於物也内盡於己而外同乎物則一矣一則胞然而天遊混然而神化同歸而殊塗一

致而百慮天下何思何慮矣故次之以澹然子終焉或曰陽明子之言倫矣而非澹然子之意也澹然之意玄矣而非陽明子之言也陽明子聞之曰其然豈其然乎書之以質於澹然子澹然子世所謂滇南趙先生者也

田州石刻

田石平田州寧民謠如此田水縈田山迎府治新向千萬世鞏皇明嘉靖歲戊子春陽明子王守仁勒此石告後人

東林書院記

東林書院者宋龜山楊先生講學之所也龜山没其地化爲僧區而其學亦遂淪入于佛老訓詁詞章者且四百年成化間令少司徒泉齋邵先生始以舉子復聚徒講誦于其間先生既仕而址復荒屬于邑之華氏華氏先生之門人也以先生之故仍讓其地爲書院以昭先生之跡而復龜山之舊先生已紀其廢興則以記屬之某當是時遼陽高君文豸方來令兹邑聞其事謂表明賢人君子之

迹以風勵士習此吾有司之責而顧以勤諸生今
則何事爰舉其所未備而亦遣人來請嗚呼物之
廢興亦决有成數矣而亦存乎其人當龜山沒使
有若先生者相繼講明其間龜山之學邑之人將
必有傳豈遂淪入于老佛詞章而莫之知求當時
從龜山遊不無人矣使有如華氏者相繼脩緝之
縱其學未即明其間必有因迹以求道者則亦何
至淪沒置之久又使其時有司有若高君者以風
勵士習為己任書院將無因而圯又何至化為浮

屠之居而蕩爲草莽之野是三者皆宜書之以訓後若夫龜山之學得之程氏以上接孔孟下啓羅李晦庵其統緒相承斷無可疑而世猶議其晚流於佛此其趨向毫釐之不容於無辯先生必嘗講之精矣先生樂易謙虚德器睟然不見其喜怒人之悦而從之若百谷之趨大川論者以爲有龜山之風非有得於其學宜勿能之然而世之宗先生者或以其文翰之工或以其學術之邃或以其政事之良先生之心其殆未以是足也從先生遊者

其以予言而求先生之心以先生之心而求龜山之學庶乎書院之復不爲虚矣書院在錫百瀆之上東望梅村二十里而遥周太伯之所從遜也方華氏之議地爲院鄉之人與其同門之士爭相趨事若耻於後若太伯之遺風尚有存焉特世無若先生者以倡之耳是亦不可以無書

示弟立志說

予弟守文來學告之以立志守文因請次第其語使得時時觀省且請淺近其辭則易於通曉也因

書以與之

夫學莫先於立志志之不立猶不種其根而徒事培擁灌溉勞苦無成矣世之所以因循苟且隨俗習非而卒歸於汙下者凡以志之弗立也故程子曰有求爲聖人之志然後可與共學人苟誠有求爲聖人之志則必思聖人之所以爲聖人者安在非以其心之純乎天理而無人欲之私歟聖人之所以爲聖人惟以其心之純乎天理而無人欲則我之欲爲聖人亦惟在於此心之純乎天理而無

人欲耳欲此心之純乎天理而無人欲則必去人欲而存天理務去人欲而存天理則必求所以去人欲而存天理之方求所以去人欲而存天理之方則必正諸先覺考諸古訓而凡所謂學問之功者然後可得而講而亦有所不容已矣

夫所謂正諸先覺者既以其人爲先覺而師之矣則當專心致志惟先覺之爲聽言有不合不得棄置必從而思之思之不得又從而辨之務求了釋不敢輒生疑惑故記曰師嚴然後道尊道尊然后

民知敬學苟無尊崇篤信之心則必有輕忽慢易之意言之而聽之不審猶不聽也聽之而思之不慎猶不思也是則雖曰師之猶不師也

夫所謂考諸古訓者聖賢垂訓莫非教人去人欲而存天理之方若五經四書是已吾惟欲去吾之人欲存吾之天理而不得其方是以求之於此則其展卷之際真如饑者之於食求飽而已病者之於藥求愈而已暗者之於燈求照而已跛者之於杖求行而已曾有徒事記誦講說以資口耳之弊

哉
夫立志亦不易矣孔子聖人也猶曰吾十有五而
志于學三十而立立者立志也雖至於不踰矩亦
志之不踰矩也志豈可易而視哉夫志氣之帥也
人之命也木之根也水之源也源不濬則流息根
不植則木枯命不續則人死志不立則氣昏是以
君子之學無時無處而不以立志爲事正目而視
之無他見也傾耳而聽之無他聞也如猫捕鼠如
雞覆卵精神心思凝聚融結而不復知有其他然

後此志常立神氣精明義理昭著一有私即便知覺自然容住不得矣故凡一毫私欲之萌只責此志不立即私欲便退聽一毫客氣之動只責此志不立即客氣便消除或怠心生責此志即不怠忽心生責此志即不忽懆心生責此志即不懆妬心生責此志即不妬忿心生責此志即不忿貪心生責此志即不貪傲心生責此志即不傲吝心生責此志即不吝蓋無一息而非立志責志之時無一事而非立志責志之地故責志之功其去人欲有

如烈火之燎毛太陽一出而魍魎潛消也自古聖賢因時立教雖若不同其用功大指無或少異書謂惟精惟一易謂敬以直内義以方外孔子謂格致誠正博文約禮曾子謂忠恕子思謂尊德性而道問學孟子謂集義養氣求其放心雖若人自爲說有不可强同而求其要領歸宿合若符契何者道一而已道同則心同心同則學同其卒不同者皆邪說也後世大患尤在無志故今以立志爲說中間字字句句莫非立志蓋終身問學之功只是

立得志而已若以是說而合精一則字字句句皆精一之功以是說而合敬義則字字句句皆敬義之功其諸格致博約忠恕等說無不脗合但能實心體之然後信予言之非妄也

與安之書

聞安之乃肯向學不勝欣願得友如此庶不負彼此相愛之情也留都時偶因饒舌遂致多口攻之者環四面取朱子晚年悔悟之說集爲定論聊藉以解紛耳門人輩近刻之雩都初聞甚

不喜然士夫見之乃往往遂有啓發者無意中
得此一助亦頗省頰舌之勞近年篁墩諸公嘗
有道一等編見者先懷黨同伐異之念故卒不
能有入反而激怒今但取朱子所自言者表章
之不加一辭雖有褊心將無所施其怒矣尊意
以爲何如耶聊致數冊有志向者一出指示之
安之處近人自贛往當已有傳之者矣必遠所
須文字非不欲承命荒踈既久無下筆處耳貧
漢作事大難富人豈知之

答陸元靜書

未發之中即良知也無前後内外而渾然一體者也有事無事可以言動靜而良知無分於有事無事也寂然感通可以言動靜而良知無分於寂然感通也動靜者所遇之時心之本體固無分於動靜也理無動者也動即爲欲循理則雖酬酢萬變而未嘗動也從欲則雖槁心一念而未嘗靜也動中有靜靜中有動又何疑乎有事而感通固可以言動然而寂然者未嘗有增也無事而寂然固可

以言静然而感通者未嘗有減也動而無動静而無静又何疑乎無前後内外而渾然一體則至誠有息之疑不待解矣未發在已發之中而已發之中未嘗别有未發者在已發在未發之中而未發之中未嘗别有已發者存是未嘗無動静而不可以動静分者也凡觀古人言語在以意逆志而得其大旨若必拘滯於文義則靡有孑遺者是周果無遺民也周子静極而動之説苟不善觀亦未免有病葢其意從太極動而生陽静而生陰説來太

極生生之理妙用無息而常體不易太極之生生即陰陽之生生就在生生之中指其妙用無息者而謂之動謂之陽之生非謂動而後生陽也就其生生之中指其常體不易者而謂之靜謂之陰之生非謂靜而後生陰也夫謂靜而後生陰動而後生陽則是陰陽動靜截然各自為一物矣陰陽一氣也一氣屈伸而為陰陽動靜一理也一理隱顯而為動靜春夏可以為陽為動而未嘗無陰與靜也秋冬可以為陰為靜而未嘗無陽與動也春夏

此不息秋冬此不息皆可謂之陽謂之動也春夏此常體秋冬此常體皆可謂之陰謂之靜也自元會運世歲月日時以至刻杪忽微莫不皆然所謂動靜無端陰陽無始在知道者默而識之非可以言語窮也若只牽文泥句比擬倣像則所謂心從法華轉非是轉法華矣

與尚謙尚遷子修書

別去即企望還

朝之期當有從容餘月之留也不意遂聞尊堂之

訃又繼而遂聞令兄助教之訃皆事變之出於意料之外者且令兄助教之逝乃海内善類之大不幸又非特上宅一門之痛而已不能走哭傷割奈何況在賢昆叔姪當父子兄弟之痛其爲毒苦又當奈何季明德往聊寄一慟旣病且冗又兼妻疾諸餘衷曲畧未能悉

答徐成之書

承以朱陸同異見詢學術不明於世久矣此正吾儕今日之所宜明辯者細觀來教則與庵之主象

山旣失而吾兄之主晦庵亦未爲得也是朱非陸
天下之論定久矣久則難變也雖微吾兄之爭輿
庵亦豈能遽行其說乎故僕以爲二兄今日之論
正不必求勝務求象山之所以非晦庵之所以是
窮本極源真有以見其幾微得失於毫忽之間若
明者之聽訟其事之曲者旣有以辨其情之不得
已而辭之直者復有以察其處之或未當使受罪
者得以伸其情而獲伸者亦有所不得辭其責則
有以盡夫事理之公即夫人心之安而可以俟聖

人於百世矣今二兄之論乃若出於求勝者求勝
則是動於氣也動於氣則於義理之正何啻千里
而又何是非之論乎凡論古人得失決不可以意
度而懸斷之今輿庵之論象山曰雖其專以尊德
性爲主未免墮於禪學之虛空而其持守端實終
不失爲聖人之徒若晦庵之一於道問學則支離
決裂非復聖門誠意正心之學矣吾兄之論晦庵
曰雖其專以道問學爲主未免失於俗學之支離
而其循序漸進終不背於大學之訓若象山之一

於尊德性則虚無寂滅非復大學格物致知之學矣夫既曰尊德性則不可謂墮於禪學之虚空墮於禪學之虚空則不可謂之尊德性矣既曰道問學則不可謂失於俗學之支離失於俗學之支離則不可謂道問學矣二者之辯間不容髮然則二兄之論皆未免於意度也昔者子思之論學蓋不下千百言而括之以尊德性而道問學之一語即如二兄之辨一以尊德性爲主一以道問學爲事則是二者固皆未免於一偏而是非之論尚未有

所定也烏得各持一是而遽以相非爲乎故僕願二兄置心於公平正大之地無務求勝夫論學而務以求勝豈所謂尊德性乎豈所謂道問學乎以某所見非獨吾兄之非象山與庵之非晦庵皆失之非而吾兄之是晦庵與庵之是象山亦皆未得其所以是也稍暇當面悉姑務養心息辨毋遽

又

昨所奉答適有遠客酬對紛紜不暇細論姑願二兄息未定之爭各反究其所是者必已所是已無

絲髮之憾而後可以及人之非早來承教乃謂僕漫爲含糊兩解之說而細繹辭旨若有以陰助輿庵而爲之地者讀之不覺失笑曾謂吾兄而亦有是言耶僕嘗以爲君子論事當先去其有我之私一動於有我則此心已陷於邪僻雖所論盡合於理既已亡其本矣嘗以是言於朋友之間今吾兄乃云爾敢不自反其殆陷於邪僻而弗覺也求之反復而昨者所論實未嘗有是則斯言也無乃吾兄之過歟雖然無是心而言之未盡於理未得爲

無過也僕敢自謂其言之已盡於理乎請舉二凡之所是者以求正與庵是象山而謂其專以尊德性爲主今觀象山文集所載未嘗不教其徒讀書窮理而自謂理會文字頗與人異者則其意實欲體之於身其亟所稱述以誨人者曰居處恭執事敬與人忠曰克己復禮曰萬物皆備於我反身而誠樂莫大焉曰學問之道無他求其放心而已曰先立乎其大者而小者不能奪是數言者孔子孟軻之言也烏在其爲空虛者乎獨其易簡覺悟之

說頗爲當時所疑然易簡之說出於繫辭覺悟之說雖有同於釋氏然釋氏之說亦自有同於吾儒而不害其爲異者惟在於幾微毫忽之間而已亦何必諱於其同而遂不敢以言狃於其異而遂不以察之乎是輿庵之是象山固猶未盡其所以是也吾兄是晦庵而謂其專以道問學爲事然晦庵之言曰居敬窮理曰非存心無以致知曰君子之心常存敬畏雖不見聞亦不敢忽所以存天理之本然而不使離於須叟之頃也是其爲言雖未盡

塋亦何嘗不以尊德性爲事而又烏在其爲支離者乎獨其平日汲汲於訓解雖韓文楚辭陰符參同之屬亦必與之註釋考辨而論者遂疑其玩物又其心慮恐學者之躐等而或失之於妄作使必先之以格致而無不明然後有以自實之於誠正而無所繆世之學者掛一漏萬求之愈繁而失之愈遠至有弊力終身苦其難而卒無所入而遂議其支離不知此乃後世學者之弊而當時晦庵之自爲則亦豈至是乎是吾兄之是晦庵固猶未盡

其所以是也夫二兄之所信而是者既未盡其所以是則其所疑而非者亦豈必盡其所以非乎然而二兄往復之辨不能一反焉此僕之所以疑其或出於求勝也一有求勝之心則已亡其學問之本而又何以論學爲哉此僕之所以惟願二兄之自反也安有所謂含糊兩解而陰爲輿庵之地者哉夫君子之論學要在得之於心衆皆以爲是苟求之心而未會焉未敢以爲是也衆皆以爲非苟求之心而有契焉未敢以爲非也心也者吾所得

於天之理也無間於天人無分於今古苟盡吾心以求焉則不中不遠矣學也者求以盡吾心也是故尊德性而道問學尊者尊此者也道者道此者也不得於心而惟外信於人以爲學烏在其爲學也已僕嘗以爲晦庵之與象山雖其所以爲學者若有不同而要皆不失爲聖人之徒今晦庵之學天下之人童而習之既已入人之深有不容於論辨者而獨惟象山之學則以其嘗與晦庵之有言而遂藩籬之使若由賜之殊科焉則可矣而遂擯

放廢斥若碔砆之與美玉則豈不過甚矣乎夫晦庵折衷羣儒之說以發明六經語孟之旨於天下其嘉惠後學之心眞有不可得而議者而象山辨義利之分立大本求放心以示後學篤實爲己之道其功亦寧可得而盡誣之而世之儒者附和雷同不究其實而槩目之以禪學則誠可寃也已故僕嘗欲冒天下之譏以爲象山一暴其說雖以此得罪無恨僕於晦庵亦有罔極之恩豈欲操戈而入室者顧晦庵之學旣以若日星之章明於天下

而象山獨蒙無實之誣于今且四百年莫有爲之一洗者使晦庵有知將亦不能一日而安享於廟廡之間矣此僕之至情終亦必爲吾兄一吐者亦何肯漫爲兩解之説以陰助於輿庵輿庵之説僕猶恨其有未盡也夫學術者今古聖賢之學術天下之所公共非吾三人者所私有也天下之學術當爲天下公言之而豈獨爲輿庵地哉兄又舉太極之辨以爲象山於文義且有所未能通曉而其強辨自信曾何有於所養夫謂其文義之有未詳

不害其爲有未詳也謂其所養之未至不害其爲
未至也學未至於聖人寧免太過不及之差乎而
論者遂欲以是而蓋之則吾恐晦庵禪學之譏亦
未免有激於不平也夫一則不審於文義一則有
激於不平是皆所養之未至昔孔子大聖也而猶
曰假我數年以學易可以無大過仲虺之贊成湯
亦惟曰改過不吝而已所養之未至亦何傷於二
先生之爲賢乎此正晦庵象山之氣象所以未及
於顏子明道者在此吾儕正當仰其所以不可及

而默識其所未至者以爲涵養規切之方不當置
偏私於其間而有所附會增損之也夫君子之過
也如日月之食人皆見之更也人皆仰之而小人
之過也必文世之學者以晦庵大儒不宜復有所
謂過者而必曲爲隱飾增加務詆象山於禪學以
求伸其說且自以爲有助於晦庵而更相倡引謂
之扶持正論不知晦庵乃君子之過而吾反以小
人之見而文之晦庵有聞過則喜之美而吾乃非
徒順之又從而爲之辭也晦庵之心以聖賢君子

之學期後代而世之儒者事之以事小人之禮是何誣象山之厚而待晦庵之薄邪僕今者之論非獨爲象山惜實爲晦庵惜也兄視僕平日於晦庵何如哉而乃有是論是亦可以諒其爲心矣惟吾兄出世俗之見宏虛受之咸勿求其必同而察其所以異勿以無過爲聖賢之高而以改過爲聖賢之學勿以其有所未至者爲聖賢之諱而以其常懷不滿者爲聖賢之心則兄與輿庵之論將有不待辯說而釋然以自解者孟子云君子亦仁而已

何必同惟吾兄審擇而正之

與薛子修書

承遠顧憂病中别去殊不盡情此時計已蒞任人民社稷必能實用格致之力當不虚度日月也心之良知是謂聖人之學致此良知而已矣謂良知之外尚有可致之知者侮聖言者也致知焉盡矣令叔不審何時往湖湘歸途經貴溪想得細論一番廷仁回省便輒附此致間闊心所欲言廷仁當能面悉不縷

答士鳴書

前者是備錄區區之語或未盡區區之心此冊乃直述士鳴所得反不失區區之見可見學貴乎自得也古人謂得意忘言學茍自得可以言爲乎者欲有所記札以爲日後印證之資則直以己意之所得者書之而已不必一一拘其言辭反有所不達也中間詞語時有未瑩病中不暇細爲檢點

答懋貞少參

別後懷企益深朋友之内安得如執事者數人日

夕相與磨礱砥礪以成吾德乎困處中忽承箋教
洒然如濯清風獨惟進與雖初學之士使當以此
爲的然生則何敢當此悚愧中間嘆近來學術之
陋謂前輩三四公能爲伊洛本源之學然不自范
實而專務守其根不自派別而專務守其源如和
尚專念數珠而欲成佛恐無其理又自謂慕古人
體用之學恐終爲外物所牽使兩途之皆不到足
以知執事之致力於學問思辨重內輕外惟曰不
足而不隳於空虛渺茫之地無疑矣生則於此少

有所未盡者非欲有所最將以求益耳夫君子之學先立乎其大者而小者不能奪故子思之論脩德凝道必曰尊德性而道問學而朱子論之以爲非存心無以致知而存心者又不可以不致知執事所謂不自花實派別而專務守其根源不知彼所守者果有得於根源否爾如誠得其根源則花實派別將自此而出但不宜塊然守此而不復有事於學問思辨耳君子之學有立而後進者有進而至於立者二者亦有等級之殊蓋立而後進者

車立後有所進所謂三十而立吾見其進者進而至於立者可與適道而至於可與立者也蓋不能無差等矣夫子謂子貢曰賜也汝以予爲多學而識之者與又曰蓋有不知而作之者我無是也多聞擇其善者而從之多見而識之知之次也執事之言殆有懲於世之爲禪學者而設夫亦差有未平與若夫兩途之說則未知執事所指者安在道一而已矣寧有兩耶有兩之心是心之不一也是殆本源之未立與恐爲外物所牽亦以是耳程子

曰苟以外物爲外牽己而從之是以己性爲有内外也又曰自私則不能以有爲爲應迹用智則不能以明覺爲自然今以惡外物之心而求照無物之地是反鏡而索照也又曰君子之學莫若擴然而太公物來而順應由是言之心迹之不可判而兩之也明矣執事挺特沈毅豈生眛劣所敢望於萬一然乃云爾者深慕執事樂取諸人之盛心而自忘其無是取且公事有暇無吝一一教示成之文鳴如相見亦乞爲致此意也

荅文鳴提學

書來非獨見故舊之情又以見文鳴近來有意爲巳之學竊深喜望與文鳴別久論議不入吾耳者三年矣所以知有意於爲巳者三年之間文鳴於他朋舊書札之問甚簡而僕獨三至焉今又遣人走數百里邀候於途凡四至矣所以於四至之書而知其有爲巳之心者蓋亦有喻人有出見其鄰之人病惻焉煦煦訊其所苦導之求醫詔之以藥餌者入門而怨焉忘之無他痛不切於巳也巳疾

病則呻吟喘息不能旦夕求名醫問良藥有能已
者不遠秦楚而延之無他誠病疾痛切身欲須臾
忘未能也是必文鳴有切身之痛將求醫藥之未
得謂僕蓋同患而方求醫與藥者故復時時念之
茲非其爲己乎兼來書辭其意見趨向亦自與往
年不類是殆克治涵養既有所得矣惜乎隔遠無
因面見講究遂請益耳夫學而爲人雖日講於仁
義道德亦爲外化物於身心無與也苟知爲己矣
寢食笑言焉往而非學譬如木之植根水之濬源

其暢茂蹺達當日異而月不同曾子所謂誠意子思所謂致中和孟子所謂求放心皆此矣此僕之爲文鳴喜而不寐非爲文鳴喜爲吾道喜也願亦勉之使吾儕得有所矜式幸甚幸甚病齒無虛下留長沙八日大風雨絕往來間稍霽則獨與周生金者渡橘州登嶽麓嘗有三詩奉懷文鳴與成之懋貞錄上請正又有一長詩稿留周生處今已記憶不全兼亦無益之談不足呈也南去儔類益寡麗澤之思愁如調飢便間無吝教言秋深得遂歸

圖嶽麓五峯之間倘能一會甚善公且豫存之意果爾當先時奉告也

答何子元來書附

禮曾子問諸侯見天子入門不得終禮廢者幾孔子曰四又問諸侯相見揖入門不得終禮廢者幾孔子曰六而日食存焉曾子曰當祭而日食大廟火其祭也如之何孔子曰接祭而已矣如牲至未殺則廢孟春於此有疑焉天子崩太廟火后夫人之喪雨霑服失容此事之不可期或

適相值若日食則可預推也諸侯行禮獨不
容以少避乎祭又何必專於是日而匆匆於接
祭哉牲未殺則祭廢當殺牲之時而不知爲日
食之候者何也執事幸以見教千萬千萬生何
孟春頓首再拜陽明王先生執事

承喻曾子問日食接祭之說前此未嘗有疑及此
者足見爲學精察非尋常所及深用嘆服守仁淺
昧何足以辯此古者天子有日官諸侯有日御日
官居卿以底日日御不失日以授百官之朝豈有

當祭之日而尚未知有日食者夫子荅曾子之問
竊意春秋之時日官多失其職固有日食而弗之
知者矣堯命羲和敬授人時何重也仲康之時去
堯未遠羲和已失其職迷于天象至日食罔聞知
故有徂征之征降及商周其職益輕平王東遷政教
號令不及於天下自是而後官之失職又可知矣
春秋所書日食三十有六今以左傳考之其以鼓
用牲幣于社及其他變常失禮書者三之一其以
官失其職書者四之二凡日食而不書朔日者杜

預皆以爲官失之故其必有考也經桓公十七年冬十月朔日有食之傳曰不書日官失之也僖公十五年夏五月日有食之傳曰不書朔與日官失之也則傳固已言之矣襄公之二十七年冬十二月乙卯朔日有食之而傳曰辰在申司曆過也再失閏矣夫推候之繆至於再失閏則日食之不知殆其細者矣古之祭者七日戒三日齋致其誠敬以交於神明謂之當祭而日食則固已行禮矣如是而中輟之不可也接者疾

速之義其儀節固已簡畧接祭則可兩全而無害矣况此以天子嘗禘郊社而言是乃國之大祀若其他小祭則或自有可廢者在權其輕重而處之若祭於太廟而太廟火則亦似有不得不廢者然此皆無明文竊意其然不識高明且以爲何如也

荅以乘憲副書

此學不明於世久矣而舊聞舊習障蔽纏繞一旦驟聞吾説未有不非詆疑議者然此心之良

知詡然不昧萬古一日但肯平心易氣而以吾說
反之於心亦未有不洞然明白者然不能即此奮
志進步勇脫窠臼而猶依違觀望於其間則舊聞
舊習又從而牽滯蔽塞之矣此近時同志中往往
皆有是病不識以乘別後意思却如何耳昔有十
家之村皆荒其百畝而日惟轉糴於市取其羸餘
以贍朝夕者鄰村之農勸之曰爾朝夕轉糴勞費
無期曷若三年耕則餘一年之食數年耕可積而
富矣其二人聽之舍糴而田八家之人競相非沮

遏室人老幼亦交徧歸謫曰我朝不糴則無以爲饔暮不糴則無以爲飧朝夕不保安能待秋而食乎其一人力田不顧卒成富家其一人不得已復棄田而糴竟貧餒終身焉今天下之人方皆轉糴於市忽有舍糴而田者寧能免於非謫乎要在深信弗疑力田而不顧乃克有成耳兩承書來皆有邁往直進相信不疑之志殊爲浣慰人還附此少致切劘之誠當不以爲迂也儲侍御曾枉書問伏枕不及具簡相見時多爲致意

答陸原靜書

聖人致知之功至誠無息其良知之體皦如明鏡畧無纖翳妍媸之來隨物見形而明鏡曾無留染所謂情順萬事而無情也無所住而生其心佛氏曾有是言未爲非也明鏡之應物妍者妍媸者媸一照而皆真即是生其心處妍者妍媸者媸一過而不留即是無所住處病瘧之喻既已見其精切則此節所問可以釋然病瘧之人瘧雖未發而病根自在則亦安可以其瘧之未發而遂忘其服藥

調理之功乎若必待瘧發而後服藥調理則既晚矣致知之功無間於有事無事而豈論於病之已發未發邪大抵原靜所疑前後雖若不一然皆起於自私自利將迎意必之爲祟此根一去則前後所疑自將氷消霧釋有不待於問辨者矣

寄李道夫

此學不講久矣鄙人之見自謂於此頗有發明而聞者往往詆以爲異獨執事傾心相信確然不疑其爲喜慰何啻空谷之足音别後時聞士夫傳說

近又徐曰仁自西江還益得備聞執事任道之勇執德之堅令人起躍奮迅士不可以不弘毅任重而道遠誠得弘毅如執事者二三人自足以為天下倡彼依阿僂儞之徒雖多亦奚以為哉幸甚幸甚比聞到郡之始即欲以此學為教仁者之心自然若此僕誠甚為執事喜然又甚為執事憂也學絶道喪俗之陷溺如人在大海波濤中且須援之登岸然後可授之衣而與之食若以衣食授之波濤中是適重其溺彼將不以為德而反以為尤矣

故凡居今之時且須隨機接引因事啓沃寬心平氣以薰陶之俟其感發興起而後開之以其說是故爲力易而收效溥不然將有扞格不勝之患而且爲君子愛人之累不知尊意以爲何如耶保病疏已再上尚未得報果遂此圖舟過嘉禾面話有日

寄雲卿

尊翁厭世父失吊慰雲卿不理於讒口乃得歸盡送終之禮此天意也哀疚寂寥益足以爲反身修

德之助此天意也亦何恨亦何恨君子之學惟求自得不以毀譽爲欣慼不爲世俗較是非不以榮辱亂所守不以死生二其心故夫一凡人譽之而遽以爲喜一凡人毀之而遽以爲慼者凡民也然而君子之自責則又未嘗不過於嚴也自修則又未嘗不過於力也夫然後可以遺榮辱一死生學絶世衰善儔日寡卓然雲卿自愛自愛雨風半日之程無緣聚首細和新得動心忍性自當一日千里嘗謂友朋言道者在默識德在默成顏子以能

問於不能有若無實若虛犯而不較此最吾儕準的雲卿進修之功想亦正如此矣秋半乘考滿且反棹稽山京口信宿其期也不盡不盡

寄邦英邦正

得書見昆季用志之不凡此固區區之深望者何幸何幸世俗之見豈足與論君子惟求其是而已仕非爲貧也而有時乎爲貧古之人皆用之吾何爲獨不然然謂舉業與聖人之學相戾者非也程子云心苟不忘則雖應接俗事莫非實學無非道

也而況於舉業乎謂舉業與聖人之學不相戾者亦非也程子云心苟忘之則雖終身由之只是俗事而況於舉業乎忘與不忘之間不能以髮要在深思默識所指謂不忘者果何事耶知此則知學矣賢弟精之熟之不使有毫釐之差千里之繆可也當辭口悉不一一

答甘泉書

旬日前楊士德人來領手教及答子莘書具悉造詣用工之詳喜躍何可言蓋自是而吾黨之學歸

一矣此守仁之幸後學之幸也來簡勤勤訓責僕以文無請益此吾兄愛僕之厚僕之罪也此心同此理同苟知用力於此雖百慮殊途同歸一致不然雖字字而證句句而求其始也毫釐其末也千里老兄造詣之深涵養之久僕何敢望至其向往直前以求必得乎此之志則有不約而契不求而合者其間所見時或不能無小異然吾兄既不屑屑於僕而僕亦不以汲汲於兄者正以志向既同如兩人同適京都雖所由之途間有迂直知其異

日之歸終同耳向在龍江舟次亦嘗以進其大學舊本及格物諸説兄時未以爲然而僕亦遂置不復強能者知兄之不久自當釋然於此也乃今果獲所願喜躍何可言崑崙之源有時而伏流終必達於海也僕寠人也雖獲夜光之璧人將不信必且以謂其爲妄爲僞今璧入於猗頓之室自此至寶得以昭明於天下僅亦免於遺璧之罪矣雖然是喻猶二也夜光之璧外求而得也此則於吾所固有無待於外也偶遺忘之耳未嘗遺忘也偶蒙

翁之耳叔賢所進超卓海内諸友實罕其儔同處西樵又資麗澤所造可量乎僕年未半百而衰疾已如六七十翁日夜思歸陽明爲夕死之圖謀之上而未遂欲棄印長往以從大夫之後恐形迹太駭必俟允報則謂冬盡春初乃可遂也一一世事如狂風驟雨中落葉倏忽之間寧復可定所耶兩承楚人之誨此非骨肉念不及此感刻感刻祖母益老耄思一見老父亦書來促歸於是情思愈惡所幸吾兄道明德立宗盟有人用此可以自慰其諸

所欲請仕德能有述有所未當便間不惜指示

答方叔賢

近得手教及與甘泉往復兩書快讀一過洒然如熱者之濯清風何子之見超卓而速也真可謂一日千里矣大學舊本之復功尤不小幸甚幸甚其論象山處舉孟子放心數條而甘泉以爲未足復舉東西南北海有聖人出此心此理同及宇宙內事皆已分內事每語甘泉所舉誠得其大然吾獨愛西樵子之近而切也見其大者則其功不得不

近而切然非實加切近之功則所謂大者亦虚見而已耳自孟子道性善心性之原世儒往往能言然其學卒入於支離外索而不自覺者正以其功之未切耳此吾所以獨有喜於西樵之言固今時對証之藥也古人之學切實爲已不徒事於講説書札往來終不若面語之能盡且易使人溺情於文辭崇浮氣而長勝心求其説之無病而不知其心病之已多矣此近世之通患賢知者不免爲不可以不察也楊仕德去草草復此諸所欲言仕德

能悉不一一

答汪仁峯

遠承教劄見信道之篤趨道之正喜幸何可言自周程後學厖道晦復四百餘年逃空寂者聞人足音跫然喜矣况其親戚平生之歡乎朱陸異同之辯固其平日之所以取謗速尤者亦嘗欲爲一書以明陸學之非禪見朱說之猶有未定者又恐世之學者先懷黨同伐異之心將觀其言而不入反激怒焉乃取朱子晚年悔悟之說集爲小冊名曰

朱子晚年定論使具眼者自擇焉將二家之學不
待辯說而自明也近門人輩刻之雩都士夫見之
往往亦頗有啓發者今復得執事之博學雄辭闡
揚剖析烏獲既爲之先登儒夫益可魚貫而前矣
喜幸何可言承以精舍記見責未即奉命此守仁
之罪也悚息悚息然向雖習聞執事之高名而於
學術趨向之間尚有未能悉者今既學同道合同
心之言自不容已矣兵革搶攘中筆劄殊未暇乞
休疏已四上不久歸投山林當徐爲之也盛价立

俟回書草草作此不盡不盡

寄劉原道

來喻欲入坐窮山絶世故屏思慮養吾靈明必自驗至於通晝夜而不息然後以無應世故且云於靜求之似爲徑直但勿流於空寂而已觀此足見信道之切毅原是立志之不凡且前後所論皆不爲無見者矣可喜可喜夫良醫之治病隨其疾之虚實強弱寒熱内外而斟酌加減調理補泄之要在去其病而已初無一定之方不問証候之何如

而必使人之服之也君子養心之學亦何以異於
是原道自量其受病之深淺氣血之強弱自可如
其所云者而斟酌爲之亦自無傷且專欲絶世故
屏思慮偏於虚静則恐既已養成空寂之性雖欲
勿流於空寂不可　得耳大抵治病雖無一定之
方而以去病爲主則是一定之法若但知隨病用
藥而不知因藥發病其失一而已矣間中且將明
道定性書熟味意况當又不同憂病不能一一信
筆草草無次

答賓陽太守

憂病中遠使惠問哀感何巳守中之訃方爾痛心而復純甫不起慘割何如可言死者巳矣生者益孑立寡助不及今奮發砥礪坐待澌盡燈滅固將抱恨無窮日来山間朋友遠近至者百餘人因此頗有警發見得此學益的確簡易真是考諸三王而不謬百世以俟聖人而不惑者惜無因復與賓陽一面語耳郡務雖繁然民人社稷莫非實學以賓陽才質之美行之以忠信堅其必為聖人之志

勿為時議所撓近名所動吾見其德日進而業日廣矣荒憒不能多及心亮

與門人書

屢承書惠兼示述作足知才識之邁向道懇切之難得也然未由一面鄙心之所欲效者尚爾鬱鬱有負盛情君子學以為己成己成物雖本一事而先後之序有不容紊孟子云學問之道無他求其放心而已矣學問而不以求放心為事者皆非學也誦習經史本亦學問之事不可廢者而忘本逐末

明道有玩物喪志之誡立言垂訓則尢非學者所宜汲汲矣所示格物說修道註誠荷不鄙之盛然非所敢望於足下者也且其爲說格物修道之義異時合并當口悉其義顧且勿以示人孔子云五十以學易可以無大過矣克足下之才志當一日千里何所不可到而不勝駿逸之氣急於馳驟奔投抵觸若此將恐自蹶其足非任重致遠之道也承相念之厚不敢不盡憂病中言多無次千萬亮察勉學自愛古人立言不得已也然不敢多爲辭

說正恐葛藤纏繞則枝幹反爲蒙翳耳其大學序亦嘗三易稿今付往一本亦足以知初年之見未可據以爲定也

寄貴陽諸生

諸友書來間有疑吾久不寄一字者吾豈遂忘諸友哉顧吾心方有去留之擾又部中亦多事率難遇便遇便適復不暇事固有相左者是以闊焉許時且得吾同年秦公爲之宗主諸友既得所依歸凡吾所欲爲諸友勸勵者豈能有出於秦公之教

哉吾是可以無憂於諸友矣諸友勉之吾所以念諸友者不在書劄之有無諸友誠相勉於善則凡晝之所誦夜之所思孰非吾書劄乎不然雖日致一書徒取憧憧往來何能有分寸之益於諸友也爲仁由己而由人乎哉諸友勉之因便捨楮不一

答人論學書

來書云楊墨之爲仁義鄉愿之亂忠信堯舜子之之禪讓湯武楚項之放伐周公莽操之攝輔謾無印正又焉適從且於古今事變禮樂名物

未嘗考識使國家欲興明堂建辟雍制曆律草
封禪又將何所致其用乎故論語曰生而知之
者義禮耳若夫禮樂名物古今事變亦必待學
而後有以驗其行事之實此則可謂定論矣
所喻楊墨鄉愿堯舜子之湯武楚項周公莽操之
辨與前舜武之論大略可以類推古今事變之疑
前於良知之說已有規矩尺度之喻當亦無俟多
贅矣至於明堂辟雍諸事似尚未容於無言者然
其說甚長姑就吾子之言而取正焉則吾吾子惑

將亦可以少釋矣夫明堂璧雍之制始見於呂氏之月令漢儒之訓疏六經四書之中未嘗詳及也豈呂氏漢儒之知乃賢於三代之聖賢乎齊宣之時明堂尚有未毀則幽厲之世周之明堂皆無恙也堯舜茅茨土階明堂之制未必備而不害其為治幽厲之明堂固猶文武成康之舊而無救於其亂何耶豈能以不忍人之心而行不忍人之政則雖茅茨土階固亦明堂也以幽厲之心而行幽厲之政則雖明堂亦暴政所自出之地耶武帝肇講

於漢而武后盛作於唐其治亂何如邪天子之學曰壁雍諸侯之學曰泮宮皆象地形而為之名耳然三代之學其要皆所以明人倫非以壁不壁泮不泮為重輕也孔子云人而不仁如禮何人而不仁如樂何制禮作樂必具中和之德聲為律而身為度者然後可以語此若夫器數之末樂工之事祝史之守故曾子曰君子所貴乎道者三籩豆之事則有司存也堯命羲和欽若昊天曆象日月星辰其重在於敬授人時也舜在璿璣玉衡其重在

於以齊七政也是皆汲汲然以仁民之心而行其養民之政治曆明時之本固在於此也羲和曆數之學皐契未必能之也禹稷未必能之也堯舜之知而不徧物雖堯舜亦未必能之也然至於今循羲和之濼而世俗之雖曲知小慧之人星術淺陋之士亦能推步占候而無所忒則是後世曲知小慧之人反賢於禹稷堯舜者邪封禪之説猶爲不經是乃後世佞人諛士所以求媚於其上倡爲誇侈以蕩君心而靡國費盖欺天罔人無耻之大者

君子之所不道司馬相如之所以見譏於天下後世也吾子乃以是為儒者所宜學殆亦未之思邪夫聖人之所以為聖者以其生而知之也而釋論語者曰生而知之者義理耳若夫禮樂名物古今事變亦必待學而後有以驗其行事之實夫禮樂名物之類果有關於作聖之功也而聖人亦必待學而後能知焉則是聖人亦不可以謂之生知矣謂聖人為生知者專指義理而言而不以禮樂名物之類則是禮樂名物之類無關於作聖之功矣

聖人之所以謂之生知者專指義理而不以禮樂
名物之類則是學而知之者亦惟當學知此義理
而已困而知之者亦惟當困知此義理而已今學
者之學聖人於聖人之所能知者未能學而知之
而顧汲汲焉求知聖人之所不能知者以爲學無
乃失其所以希聖之方歟凡此皆就吾子之所惑
者而稍爲之分釋未及乎拔本塞源之論也夫拔
本塞源之論不明於天下則天下之學聖人者將
日繁日難斯人淪於禽獸夷狄而猶自以爲聖人

之學吾之說雖或暫明於一時終將凍解於西而氷聖於東霧釋於前而雲滃於後呶呶焉危困以死而卒無救於天下之分毫也已夫聖人之心以天地萬物為一體其視天下之人無外內遠近凡有血氣皆其昆弟赤子之親莫不欲安全而教養之以遂其萬物一體之念天下之人心其始亦非有異於聖人也特其間於有我之私隔於物欲之蔽大者以小通者以塞人各有心至有視其父子兄弟如仇讎者聖人有憂之是以推其天地萬物

一體之仁以教天下使之皆有以克其私去其蔽以復其心體之同然其敎之大端則堯舜禹之相授受所謂道心惟微惟精惟一允執厥中而其節目則舜之命契所謂父子有親君臣有義夫婦有別長幼有序朋友有信五者而已唐虞三代之世教者惟以此爲教而學者惟以此爲學當是之時人無異見家無異習安此者謂之聖勉此者謂之賢而背此者雖其啓明如朱亦謂之不肖下至閭井田野農工商賈之賤莫不皆有是學而惟以成

其德行為務何者無有聞見之雜記誦之煩辭章
之靡濫功利之馳逐而但使之孝其親弟其長信
其朋友以復其心體之同然是蓋性分之所固有
而非有假於外者則人亦孰不能之乎學校之中
惟以成德為事而才能之異或有長於禮樂長於
政教長於水土播植者則就其成德而因使益精
其能於學校之中迨夫舉德而任則使之終身居
其職而不易用之者惟知同心一德以共安天下
之民視才之稱否而不以崇卑為輕重逸勞為美

悉效用者亦惟知同心一德以共安天下之民若當其能則終身處於煩劇而不以爲勞安於卑瑣而不以爲賤當是之時天下之人熙熙皞皞皆相視如一家之親其才質之下者則安其農工商賈之分各勤其業以相生相養而無有乎希高慕外之心其才能之異若皋夔稷契者則出而各效其能若一家之務或營其衣食或通其有無或備其器用集謀并力以求遂其仰事俯育之願惟恐當其事者之或怠而重己之累也故稷勤其稼而不

恥其不知教視契之善教即己之善教也夔司其樂而不恥於不明禮視夷之通禮即己之通禮也蓋其心學純明而有以全其萬物一體之仁故其精神流貫志氣通達而無有乎人己之分物我之間譬之一人之身目視耳聽手持足行以濟一身之用目不恥其無聽而耳之所涉目必營焉足不恥其無執而手之所探足必前焉蓋其元氣充周血脉條暢是以痒痾呼吸感觸神應有不言而喻之妙此聖人之學所以至易至簡易知易從學易

能而才易成者正以大端惟在復心體之同然而知識技能非所與論也三代之衰王道熄而覇術焻孔孟既沒聖學晦而邪說横教者不復以此為教而學者不復以此為學覇者之徒竊取先王之近似者假之於外以内濟其私己之欲天下靡然而宗之聖人之道遂以蕪塞相倣相傚日求所以富強之説傾詐之謀攻伐之計一切欺天罔人苟一時之得以獵取聲利之術若管商蘇張之屬者至不可名數既其久也鬬爭刼奪不勝其禍斯人

淪於禽獸夷狄而霸術亦有所不能行矣世之儒
者慨然悲傷蒐獵先聖王之典章法制而掇拾脩
補於煨燼之餘蓋其為心良亦欲以挽回先王之
道聖學既遠霸術之傳積漬已深雖在賢知皆不
免於習染其所以講明修飾以求宣暢光復於世
者僅足以增霸者之藩籬而聖學之門墻遂不復
可覩於是乎有訓詁之學而傳之以為名有記誦
之學而言之以為博有詞章之學而侈之以為麗
若是者紛紛籍籍群起角立於天下又不知其幾

家萬徑千蹊莫知所適世之學者如入百戲之場讙謔跳踉騁奇鬬巧獻笑爭妍者四面而競出前瞻後盼應接不遑而耳目眩瞀精神恍惑日夜遨遊淹息其間如狂病喪心之人若自知其家業之所歸時君世主亦皆昏迷顛倒於其說而終身從事於無用之虛文莫自知其所謂間有覺其空疎謬妄支離牽滯而卓然自奮欲以見諸行事之實者極其所抵亦不過為富強功利五霸之事業而止聖人之學日遠日晦而功利之習愈趨愈下其

間雖嘗瞽惑於佛老而佛老之説卒亦未能有以
勝其功利之心雖又嘗折衷於群儒而群儒之論
終亦未能有以破其功利之見蓋至於今功利之
毒淪浹於人之心髓而習以成性也幾千年矣相
矜以知相軋以勢相爭以利相高以技能相取以
聲譽其出而仕也理錢穀者則欲兼夫兵刑典禮
樂者又欲與於銓軸處郡縣則思藩臬之高居臺
諫則望宰執之要故不能其事則不得以兼其官
不通其説則不可以要其譽記誦之廣適以長其

敖也知識之多適以行其惡也聞見之慱適以肆其辨也辭章之富適以飾其僞也是以皐夔稷契所不能兼之事而今之初學小生皆欲通其說究其術其稱名借號未嘗不曰吾欲以共成天下之務而其誠心實意之所在以爲不如是則無以濟其私而滿其欲也嗚呼以若是之積染以若是之心志而又講之以若是之學術宜其聞吾聖人之教而視之以爲贅疣枘鑿則其以良知爲未足而謂聖人之學無所用亦其勢有所必至矣嗚呼士

生斯世而尚何以求聖人之學乎尚何以論聖人之學乎士生斯世而欲以爲學者不亦勞苦而繁難乎不亦拘滞而險難乎嗚呼可悲也已所幸天理之在人心終有所不可泯而良知之明萬古一日則其聞吾拔本塞源之論必有惻然而悲戚然而痛憤然而起沛然若決江河而有所不可禦者矣非夫豪傑之士無所待而興者吾誰與望乎

答陸元靜書

理無動者也常知常存常主於理即不睹不聞無

思無為之謂也不睹不聞無思無為非槁木死灰之謂也睹聞思為一於理而未嘗有所睹聞思為即是動而未嘗動也所謂動亦定静亦定體用一源者也

又

元静雖在憂苦中其學問功夫所謂顛沛必於是者不言可知矣矣必論説講究而後可以為學乎南元善曾將原静後來論學數條刋入録中初心甚不欲渠如此近日朋輩見之却因此多有省悟

始知古人相與辯論窮詰亦不獨要自已明白直
欲共明此學於天下耳蓋此數條者同志中肯用
功者亦時有款及之然非原靜則亦莫肯如此披
豁吐露就欲如此披豁吐露亦不能如此曲折詳
盡故此原靜一問其有益於同志良不淺淺也自
後但有可相啓發者不惜時寄及之幸甚幸甚近
得施聘之書意向卓然出於流輩往年嘗竊異其
人今果與俗不同也閒中曾相往復否大事今冬
能舉得便可無他絆繫如聘之者不妨時時一會

窮居獨處無朋友相砥切最是一大患也貴鄉有常友名商臣者聞其用功篤實尤爲難得亦曾一相講否

寄鄒謙之

正之歸備談政教之善勤勤懇懇開誘來學毅然以斯道爲已任其爲喜幸如何可言前書虛文相誑之說獨以慨夫後儒之没溺詞章雕鏤文字以希世盜名雖賢知有所不免而其流毒之深非得德器力量如吾謙之者莫能挽而回之也而謙之

顧猶歉然欲以猛省寡過此正吾謙之之所以為不可及也欣嘆欣嘆學絕道喪之餘苟有興起向慕於是學者皆可以為同志不必銖稱寸度而求其盡合於此以之待人可也若在我之所以為造端立命者則亦容有毫髮之或爽矣道一而已仁者見之謂之仁知者見之謂之知釋氏之所以為釋老氏之所以為老百姓日用而不知皆是道也寧有二乎今古學術之誠僞邪正何啻碔砆美玉然有眩惑終身而不能辯者正以此道之無二而

其變動不拘，克塞無間，縱横顛倒，皆可推之而通。世之儒者各就其一偏之見，而又飾之以比擬倣像之公，文之以張合假借之訓，其爲習熟既足以自信，而條目又足以自安，此其所以誑已誑人，終身沒溺而不悟焉耳。然其毫釐之差而乃致千里之謬，非誠有求爲聖人之志而從事於惟精惟一之學者，莫能得其受病之源而發其神奸之所由伏也。若某之不肖，盖亦嘗陷溺於其間者幾年，倀倀然既自以爲是矣，賴天之靈，偶有悟於良知之學然後悔其向之所爲者固包藏禍機作僞於外而心勞日拙者也十餘年來雖痛自洗剔創艾而病根深痼萌孽時生所幸良知在我操得其要譬猶舟之得舵雖驚風巨浪顛沛不無尚猶得免於傾覆者也夫舊流之溺人雖已覺悔悟創其克治之功尚且其難若此又况溺而不悟日益以深者亦將何所抵極乎以謙之精神力量又以有覺於良知自當如江河之注海沛然無復能有爲之障碍者矣默成深造之餘必有日新之得可以警發

昏惰者便間不惜款款示及之

與子莘侍御書

連得所寄書誠慰傾渴諦觀來書其字畫文彩皆有加於疇昔根本盛而枝葉茂理固宜然然草木之花千葉者無實其花繁者其實鮮矣邇來子莘之志得無微有所溺乎是亦不可以不省也良知之說往時亦嘗備講不審邇來能益瑩徹否明道云吾學雖有所授然天理二字却是自家體認出來良知即是天理體認者實有諸已之謂耳非若

世之想像講説者之爲也近時同志莫不知以良知爲説然亦未見有能實體認之者是以尚未免於疑惑盖有謂良知不足以盡天下之理而必假於窮索以增益之者又以爲徒致良知未必能合於天理須以良知講求其所謂天理者而執之以爲一定之則然後可以率由而無弊是其爲説非實加體認之功而真有以見夫良知者則亦莫能辯其言之似是而非也莆中故多賢國英 志道二三同志之外相與切磋砥礪者亦復幾人良知

之外更無知致知之外更無學外良知以求知者邪妄之知矣外致知以爲學者異端之學矣道喪千載良知之學久爲贅疣今之友朋知以此事日相講求者殆空谷之足音歟想念雖切無因面會一罄此懷臨書悃悃不盡

與啓範侍御書

守仁愚不自量痛此學之不講而竊有志於發明之自以劣弱思得天下之豪傑相與扶持砥礪庶幾其能有成故每聞海內之高明特達忠信而剛毅者即欣

慕愛樂不啻骨肉之親以是於吾啓範雖未及一面之識而心孚神契已如白首之交者亦數年矣每得封事讀之其間迺有齒及不肖者則又爲之赧顏汗背促蹐不安古之君子耻有其名而無其實吾於啓範惟切磋之是望乃不考其實而過情以譽於朝異時尚有不稱將使啓範爲失言矣如之何而可不肖志雖切於求學而質本迂狂踈繆招尤速謗自其所宜近者復聞二三君子以不肖之故相與憤爭力辯於鑠金消骨之地至於衝鋒冒刃而弗顧僕何以當此哉

二三君子之心豈不如青天白日誰得而瑕滓之者顧
僕自反亦何敢自謂無愧則不肖之軀將不免爲輕
雲薄霧於二三君子者矣如之何而可病軀懶放日
久已成廢人尚可勉强者惟宜山林之下讀書講學而已
兩廣之任斷非可堪已具疏懇辭必不得請恐異日終爲知
己之憂也言不能謝惟自鞭策以期無負相知庶以爲報耳

與古庵書

亟承書惠既荷不遺中間歎然下問之意尤足以仰
見賢者進脩之功勤勤不懈喜幸何可言也無因促

勝一陳鄙見以求是正可勝瞻馳凡鄙人所謂致良知之説與今之所謂體認天理之説本亦無大相遠但微有直截迂曲之差耳譬之種植致良知者是培其根本之生意而達之枝葉者也體認天理者是茂其枝葉之生意而求以復之根本者也然培其根本之生意固自有以達之枝葉矣欲茂其枝葉之生意亦安能舍根本而別有生意可以茂之枝葉之間者乎吾兄忠信近道之資既自出於儕輩之上近見胡正之備談吾兄平日工夫又見篤實懇切非若世之

詢名遂迹而徒以支離於其外者只知此用力不已
自當循循有至所謂殊途而同歸者也亦奚必改途
易業而别求所謂爲學之方乎惟吾兄益就平日用
工得力處進步不息譬之適京都者始在偏州僻壤
未免經歷於傍蹊曲逕之中苟志往不懈未有不達
於通衢大路者也病軀咳作不能多及寄去鄙録未
後論學一書亦頗發明鄙見暇中幸示及之

寄葉子蒼

消息久不聞徐日仁來得子蒼書始知掌教新化

得遂迎養之樂殊慰殊慰古之爲貧而仕者正如此子蒼安得以位卑爲小就乎苟以其平日所學薰陶接引使一方人士得有所觀感誠可以不愧其職今之爲大官者何限能免竊禄之譏者幾人哉子蒼勉之毋以世俗之見爲懷也尋復得鄒監生鄉人寄來書又知子蒼嘗以區區之故特訪寧兆興足仞相念之厚兆興近亦不知何似彼中朋友亦有可相砥礪者否區區年來頗多病方有歸圖人還匆匆略布間闊餘俟後便再悉也

貴州都司經歷趙昌齡
耀州知州門人陳文學
鎮安縣知縣門人葉　梧　校刊

新刊陽明先生文録續編卷之一終

新刊陽明先生文録續編總目

卷之二

書類

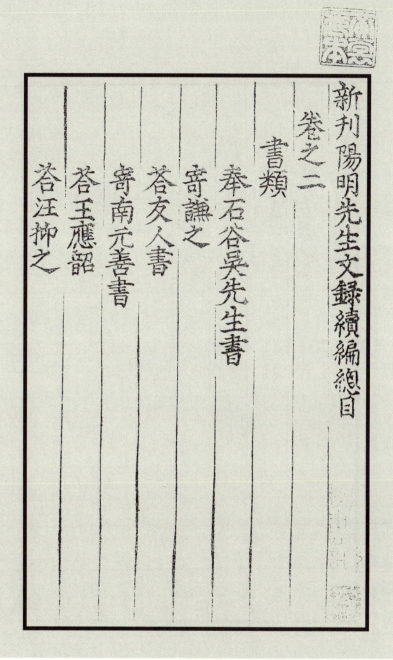

跋類

書劉生卷
書守諧卷
書宋子禮卷
書林司訓卷
書夢星卷
書趙孟立卷
書李白騎鯨
書三酸
書韓昌黎與大顛坐叙

雜著

南岡説

客座私祝

王公傳

田州立碑

銘一首

箴一首

三箴

策問一道

歸途有僧自望華亭來迎且請詩

新刊陽明先生文録續編巻之二

奉石谷呉先生書

生自壬子歳拜違函丈即羈縻太學中間餘八九年動息之所懷仰寤寐之所思及其不在函丈之下者有如白日然而曾無片簡尺牘致起居之敬而伸仰慕之私者其敢以屢黙屢辱有負知己之故遂尔慙沮哉實以受知過深蒙德過厚口欲言而心無窮是以每每伸紙執筆輒復不得其辭而且中止者十而二三矣生是情愈不達而禮益加

蹂姑且逡巡日陷於苟簡澆薄將遂至埶然之地而不自覺推咎所因則亦誠可閔也蜀士之北來者頗能具道尊候以爲動履益康著述益富身閒而道愈尊年高而德彌邵聞之無任忻慰慶躍嗟乎古之名儒碩德如先生者曾亦多見也夫今之人動輒嘆息咨嗟以爲曾不得如古之名儒碩德者處之廟堂以輔吾

君至如先生乃復使之優游林下烏在其能思古之人也居先生門下爲先生謀則不宜致嘆於此立吾

君之朝爲斯世謀則斯言也實天下之公論雖以
僕後賢無惑也生近者授職刑部雲南司才疎事
畜惟日擾擾於案牘閒而已於同僚僕守正之行
思其閑暇時猶不能略致起居之問今且日益繁
冗是將終不得通一問也是以姑置其所願陳者
以需後便且尔先伸數載閒闊之悽以請罪于門
下伏惟大賢君子不以久而遂絶不以微而見遺
仍賜收録俾得復爲門下士豈勝慶幸感激哉香
帕將遠誠萬一伏惟尊照不備

寄謙之

比因遭家多難工夫極是費力然因此見得良知兩字比舊日愈加真切真所謂大本達道舍此更無學問可講矣隨事體認天理之說大約未嘗不是只要根究下落即未免捕風捉影縱令鞭辟向裏亦與聖門致良知之功尚隔一塵若復失之毫釐便有千里之繆矣四方同志之至此者但以此意提掇之無不即有省發只是着實能透徹者甚亦不易得也世間無志之人既已見絶於聲利詞

章之習聞有知得自己性分當求者又被一種似是而非之學兜絆羈縻終身不得出頭緣人未有真為聖人之志未免挾有見小欲速之私則此種學問極是支吾眼前得過是以雖在豪傑之士而任重道遠志稍不力即且安頓其中者多矣譙之之學既已得其大原近想涉歷彌久則功夫當益精明矣無因接席一論以資切劘傾企如何范祠之建實亦有裨風化僕於大字本非所長況已久不作所須祠扁必大筆自揮之乃佳也使還值歲冗不盡欲言

答友人書

君子之學務求在己而已毀譽榮辱之來非獨不以動其心且資之以為切磋砥礪之地故君子無入而不自得正以其無入而非學也若夫聞譽而喜聞毀而戚則將惶惶於外惟日之不足矣其何以為君子往年　駕在留都左右交讒某於武廟當時禍且不測僚屬咸危懼謂群疑若此宜圖所以自解者某曰君子不求天下之信己也自信而已吾方求以自信之不暇而暇求人之信己

乎某於執事爲世交執事之心某素能信之而顧以相訊若此豈亦猶有未能自信也乎雖然執事之心又焉有所不自信者至於防範之外意料所不及若圉人之於子產者亦安能保其必無則執事之懇懇以詢於僕固君子之嚴於自治宜若此也昔楚人有宿於其友之家者其僕竊友人之屨以歸楚人不知也適使其僕市屨於肆僕私其值而以竊屨進楚人不知也他日友人來過見其屨在楚人之足大駭曰吾固疑之果然竊吾屨遂與之絕踰年而事暴友人

踵楚人之門而悔謝曰吾不能知子而繆以疑子吾之罪也請為友如初令執事之見疑於人其有其無某皆不得而知縱或有之亦何傷於執事之自信乎不俟踰年吾見有踵執事之門而悔謝者矣執事其益自信無怠固將無入而非學亦無入而不自得也矣

寄南元善

五月初得蘇州書後月適過王驛丞去草草曾附短啟具其時私計行旆爲到家必已久矣是月三日門子余廷振回復領手敎始知六月尚留汴城世

途之險巇難料每每若此也賤軀入夏咳作兼以毒暑大旱舟楫無所往日與二三子講息池傍小閣中每及賢昆玉則喟然興嘆而已郡中今歲之旱比往年尤甚河渠曾蒙開浚者百姓皆得資灌溉之利相與嘖嘖追頌功德然已控籲無及矣彼奸妬憸人號稱士類者乃獨諓嫉排搆無所不至曾細民之不若亦獨何哉亦獨何哉邑養之暇埧篪協奏切磋講習當日益深造矣里中英俊相從論學者幾人否學絕道喪且幾百年居今之時而

苟知趨向於是正所謂空谷之足音皆今之豪傑矣便中示知之竊嘗喜晦翁涵育薰陶之説以爲今時朋友相與必有此意而後彼此交益近來一二同志與人講學乃有規礪太刻遂相憤戾而去者大抵皆不免於以善服人之病耳楚國寶又爾憂去子京諸友亦不能亟相會一齊衆楚道之不明也我知之矣雖然風雨如晦鷄鳴不已至誠而不動者未之有也非賢昆玉疇足以語於斯乎其餘世情真若浮虚之變態亮非元善之所屑聞者也遂不一一及

答王應韶

昨承枉顧，適茲歸冗，未獲走謝。向白岩自關中回，
亟道執事志行之高，深切企慕，惟恐相見之晚。及
旌節到此，獲相見，又惟恐相別之速，以是汲汲數
圖一會，罄所欲請，亦承相亮，兩辱枉教，辯難窮詰，
不復退讓，蓋彼此相期於道義，將講去其偏以求
一是，自不暇爲世俗諛媚善柔之態，此亦不待相
諭而悉也。別去，深惟教言，私心甚有所未安者，欲
候面請，恐人事纏繞，卒未有期，先以書告其諸講

說之未合皆所未暇惟執事自謂更無病痛不須醫藥又自謂不待人啓口而已識其言之必錯在執事之爲己篤實決非謬言以欺世取給以禦人者然守仁竊甚惑之昔者夫子猶曰五十以學易可以無大過又曰丘也幸苟有過人必知之未聞以爲無過也子路人告之以其過則喜未聞人之欲告以過而拒之今執事一過之一友焉此非淺陋之所能測也舜好問而好察邇言邇言者淺近之言也猶必察焉夫子嘗曰不逆詐又曰不以人

發言令不待人之啓口而已識其必錯者何邪又以守仁爲鄉醫未曉方脉故不欲聞其說夫醫術之精否不專係於鄉國世固有國醫而誤殺人者矣今徒以鄉醫聞見不廣於大方脉未必能通曉固亦有得於一證之傳知之真切者寧可槩以庸醫視之玆不近於以人廢言乎雖然在守仁則方爲病人猶未得爲鄉醫也手足痿痺而弗能起未能遠造國都方將求鄉醫而問焉驟聞執事自上國而來意其通於醫也而趨就之乃見執事手足

若有攣拳焉以爲猶吾之痿痺也遂疑其病固宜執事之唉而弗納矣伏惟執事誠國醫也則顧出一匕之藥以起其痿痺誠亦攣拳乎則願相與講其受病之源得無亦與痿痺者同乎而將何以瘳之汎汎楊舟載沉載浮旣見君子我心則休幸執事之亮此情也

答汪抑之

昨承枉教甚荷至情中間定性之説自與僕向時所論者無戾僕向之不以爲然殆聽之未審也然

訓旨條貫似於前日精采十倍雖僕之不審於聽
亦見之學日有所進歟惟未發之說則終不敢以
爲然者蓋喜怒哀樂自有已發未發故謂未發時
無喜怒哀樂則可而謂喜怒哀樂無未發則不可
今謂喜怒哀樂無未發已發固已發未發亦已發
而必欲強合於程子動亦定靜亦定之說則是動
亦動靜亦動也非惟不得子思之旨而於程子之
意似亦有所未合歟執事聰明絕人其於古人之
言求之悉矣獨此似猶有未盡者宜更詳之勿遽

云云也

又

所不避於煩瀆求以明道也承喻論向所質者乃疑思問耳非敢遽有之也乃執事謙退不居之過然又謂慶未能遽合願且置之恐從此多費議論此則大非僕之所望於吾兄者也子思曰有弗問問之弗得弗措也有弗辯辯之弗明弗措也既曰疑思問矣而可憚於議論之費耶橫渠有云凡致思到說不得處始復審思明辯乃爲善學者子

則到說不得處遂已更不復求老兄之云無乃亦是病歟所謂不若據見成基業若雖誠確論然詳老兄語意似尚不以爲然者如是而遂據之不疑何以免於毫釐之差千里之謬乎始得教亦遂欲罷去不復議顧僕於老兄不宜如此已昏黑將就枕輒復云云幸亮此情也

答陳文鳴

别後企仰日甚文鳴趨向端實而年茂力強又當此風化之任異時造詣何所不到甚爲吾道喜且

幸也近於名父處見所寄學規深嘆用意精密計此時行之已遍但中間似亦有稍繁必欲事事責成則恐學者誦習之餘力有弗逮若但施行無所稽考文恐凡百一向廢墜學者不復知所尊信何若存其切要者數條其餘且悉刪去直以瓚眉自任爲過改須學者亦無不可僕意如此想高明自有定見便中幸加斟酌示知之僕碌碌度日身心之功愈覺荒耗所謂未學而仕徒自賊耳進退無據爲之奈何懋真成之亟相見必大有所講明凡

有新得不惜示教因鄭汝華去草率申問

答柴墟

戚价來適人事紛紜不及細詢他事既還却殊怏怏承示劉生墓誌此實交義所關文亦縝密獨叙乃父側室事頗傷忠厚未刻石删去之爲佳子於父過諫而過激不可以爲幾稱子之美而發其父之陰私不可以爲訓宜更詳之喻及交際之難此殆繆於私意君子與人惟義所在厚薄重輕已無所私焉此所以爲簡易之道世人之心雜於計較

毀譽得喪交於中而眩其當然之則是以處之愈周計之愈悉而行之愈難夫大賢吾師次賢吾友此天理自然之則豈以是爲炎凉之嫌哉吾兄以僕於今之公卿若某之賢者則稱謂以友生若某與某之賢不及於某者則稱謂以侍生豈以矯時俗炎凉之弊非也夫彼可以爲吾友而吾可以友之彼又吾友也吾安得而弗友之彼不可爲吾友而吾不可以友之彼又不吾友也吾安得而友之夫友也者以道也以德也天下莫大於道莫貴於

德道德之所在盛與位不得而干焉僕於綦之謂矣彼其無道與德而徒有其貴與盛也則亦貴盛之而已然若此者與之見亦寡矣非以事相臨不往見也若此者與凡交游之隨俗以侍生而來者亦隨俗而侍生之所謂事之無害於義者從俗可也千乘之君求與之友而不可得非在我有所不屑乎嗟夫友未易言也今之所謂友或以藝同或以事合徇名逐勢非吾所謂輔仁之友矣仁者心之德人而不仁不可以爲人輔仁求以全心德也

如是而後交今特以技藝文辭之工地勢聲望之
重而鶩焉欲以交夫賢者賢者弗與也吾兄技藝
炎涼之説貴賤少長之論殆皆有未盡歟孟子曰
交也者不可以有挾孟獻子之交五人無獻子之
家者也曾以貴賤乎仲由少顏路三歲回由之贈
處蓋交也回與曾點同時參曰昔者吾友曾以少
長乎將矯時俗之炎涼而自畔於禮其間不能以
寸矣吾兄又以僕於後進之來其質美而才者爲
以先後輩相處其庸下者反待以客禮疑僕別有

一道是道也奚有於別凡後進之來其才者皆有意於斯道者也吾安得不以斯道處之其庸下者不過世俗泛泛然一接吾亦世俗泛泛然待之如鄉人而已昔伊川初與呂希哲爲同舍友待之友也既而希哲師事伊川待之弟子也謂敬於同舍而慢於弟子可乎孔子待陽貨以大夫待回賜以弟子謂待回賜不若陽貨可乎師友道廢久後進之中有聰明特達者頗知求道往往又爲先輩待之不誠不諒其心而務假以虛禮以取悅於後進干待

士之譽此正所謂病於夏畦者也以是師友之道日益淪没無由復明儕常以爲世有程朱諸君子則吾固得而執弟子之役乃大幸矣其次有程朱之高弟焉吾猶得而私淑也不幸世又無是人有志之士倀倀其將焉求乎然則何能無憂也憂之而不以責之已責之已而不以求輔於人求輔於人而待之不以誠終亦必無所成而已耳凡儕於今之後進非敢以師道自處也將求其聰明特達者與之講明因以自輔也彼自以後學求正於我

雖不師事我固有先後輩之道焉伊川瞑目而坐游揚侍立不敢去重道也今世習於曠肆憚於撿飾不復知有此事幸而有一二後進略知求道為事是有復明之機又不誠心直道與之發明而徒奄然希媚苟且阿俗僕誠痛之借之傳曰師嚴然後道尊道尊然後民知敬學夫人必有所嚴憚然後言之而聽之也審施之而承之也前凡若此者皆求以明道皆循理而行非有容私於其間也伊尹曰天之生斯民也使先知覺後知 使先覺覺

後覺予天民之先覺也非予覺之而誰也是故大知覺於小知小知覺於無知大覺覺於小覺小覺覺於無覺夫已大知大覺矣而後以覺於天下不亦善乎然而未能也遂自以小知小覺而不敢以覺於人則終亦莫知覺矣仁者固如是乎夫仁者已欲立而立人已欲達而達人僕之意以爲已有分寸之知即欲同此分寸之知於人已有分寸之覺即欲同此分寸之覺於人人之小知小覺者益衆則其相與爲知覺也益易以明如是而後大知大覺可期也僕

於今之後進尚不敢以小知小覺自處譬之凍餒之人知耕桑之可以足衣食而又偶聞藝禾樹桑之法將試爲之而遂以告其凡凍餒者使之共爲之也亦何嫌於已之未嘗樹藝而遂不以告之乎雖然君子有諸己而後求諸人蓋僕未嘗有諸己也而可以求諸人乎夫亦謂有意於僕而來者耳承相問輒縷縷至此有未當者不惜往復

又

昨者草率奉報意在求正不覺蕪冗承長箋批答推許過盛殊增悚汗也來喻責僕不爲師道自處恐亦未爲誠

心直道頑僕何人而敢以師道自處哉前書所謂以前後輩處之者亦謂僕有一日之長而彼又有求道之心者耳若其年齒相若而無意於求道者自當如常待以客禮安得例以前後輩處之是亦妄人矣又況不揆其求意之何如而抗顏以師道自居寧有是理耶夫師云者非可以自處得也彼以是求我我以是應之耳嗟夫今之時孰有所謂師云乎哉今之習技藝者則有師習舉業求聲利者則有師彼誠知技藝之可以得衣食舉業之可以得聲利而希美官爵也自非誠知己之生分有急於衣食官

爵者孰肯從而求師哉夫技藝之不習不過乏衣食舉業不習不過　無官爵己之性分有所蔽停是不得爲人矣人顧明彼而暗此也可不大哀乎往時僕與王演之劉景素同遊大學每季考演之恒居景素前列然演之自以講貫不及景素一旦執弟子禮師事之僕每嘆服以爲如演之者真可以爲豪傑之士使演之能於彼不能於此也曾子病革而易簀子路絕而結纓横渠撤虎皮而使其弟子從講於二程惟天下之大勇無我者能之今天下波頹風靡爲日已久今何異於病革臨絕之時然又人人是己見莫肯相下求正故

居今之世非有豪傑獨立之士的見性分之不容已毅然以聖賢之道自任者莫知從而求師也吾兄又疑後進之來其資禀意向雖不足以承教若其齒之相遠者恐亦不當槩以客禮相待僕前書所及蓋與有意於斯道者對舉而言亦謂其可以客可以無客者耳若其齒數懸絶者則名分具存有不待言矣孔子使闕黨童子將命曰吾見其居於位也見其與先生並行也非求益者也欲速成者也亦未嘗無誨焉雖然此皆以不若已者言也若其德器之夙成識見之超詣者雖生於吾後數十年其大者吾師次者吾

友也得以區序論之哉人歸遽劇極潦草便間枇復可否不一一

答徐子積

承示送別諸叙雖皆出於一時酬應中間往往自多新得足驗學力之進性論一篇尤見潛心之學近來學者所未能道詳味語意大略致論於理氣之間以求合於夫子相近之說甚感心也其間鄙意所未能信者辭多不能具輒以別幅寫呈略下註脚求正幸不吝往復遂以褰劣見棄也夫析理愈精則爲言愈難立論愈多則爲繆愈甚孔孟

性善相近之說自是相為發明程朱之論詳矣學者要在自得自然循理盡性有不容已毫分縷析此窮理之事言之未嘗未免支離支離判於道矣是以有苦心極力之狀而無寬裕溫厚之氣意屢偏而言多窒雖横渠有所不免故僕亦願吾兄之完養思慮涵泳義理久之自當條暢也兄所言諸友求清與僕同舉於鄉子才嘗觀政武選時僕以病罕交接未及與語葉君雖未相識如兄言要皆難得者也微服中不答書為致意學術不明人心陷溺之餘善類日寡諸君幸勉力自愛以圖有成也嘗有論性書録至目

書湯大行

御試策題下

士之登名禮部而進于

天子之廷者

天子臨軒而問之則錫之以制皆得受而歸藏之於廟以輝榮其遭際之盛蓋今世士人豪皆爾也丹陽湯君仁甫登弘治丙辰進士方爲行人以其嘗所受之制屬其跋數語於其下嗟夫明試以言自虞廷而然乃言底可績則三代之下吾見亦罕

矣君之始進也
天子之所以咨之者何如耶而君所以對之者何
如耶夫矯言以求進君之所不爲也已進而遂忘
其言焉又君之所不忍也君於是乎朝夕焉顧諟
聖天子之明命其將曰是
天子之所以咨詢我者也始吾既如是其對揚之
矣而今之所以持其身以事吾君者其亦果如是
耶抑其有未耶夫伊尹之所以告成湯者數言而
終身踐之太公之所以告武王者數言而終身踐

之推是心也君其志於伊吕之事乎夫輝榮其一時之遭際以誇世君所不屑矣不然則是制也者君之所以鑑也昔人有惡形而惡鑑者遇之則掩袂却走君將掩袂却走之不暇而又烏揭之焉曰以示人其志於伊吕之事奚疑哉君其勉矣上帝臨汝毋貳爾心某亦嘗謏承明問惟其所以對揚與其所以爲志者不可不以望君然亦何敢以志自勗

書玄默卷

玄默志於道矣而猶有詩文之好何耶奕小技也不專心致志則不得况君子之求道而可分情於他好乎孔子曰詞達而已矣蓋世之爲詞章者莫不以是籍其口亦獨不曰有德者必有言有言者不必有德乎德猶根也言猶枝葉也根之不植而徒以枝葉爲者吾未見其能生也予别玄默久矣朋得玄默所爲詩者見其辭藻日益以進其在玄默固所謂根盛而枝葉茂者耶玄默過留都示予以斯卷書此而遺之玄默尚有以告我矣

書諸陽伯卷

諸陽伯儞從予而問學將別請言予曰相與數月而未嘗有所論別而後言也不既晚乎曰數月而未敢有所問知夫子之無隱於我而與或有所得也別而後請言已自知其無所得而慮夫子之或隱於我也予曰吾何所隱哉道若日星然子惟不用目力焉耳無弗睹者也子又何求乎道在邇而求諸遠事在易而求諸難天下之通患也子歸而立子之志竭子之目力若是而有所弗睹則吾爲

隱於子矣

書劉生卷

仁者以天地萬物爲一體醫書以手足痿痺爲不仁大庾劉生慎請爲仁之説生儒而善醫吾嘗見其起危疾瘵沉疴皆應手而驗夫儒也則知一体之仁矣醫也則知痿痺之非仁矣世之人仁義不行於倫理而私欲以戕其天性皆痿痺者也生惟無以其非仁者而害其仁焉求仁之功盡此矣吾何説生方以貢入京自此將爲民社之寄生能以

其素所驗於醫者而施之於政民其有瘳乎

書守諧卷

守諧問爲學予曰立志而已問立志爲學而已守諧未達予曰人之學爲聖人也非有必爲聖人之志雖欲爲學誰爲學有其志矣而不日用其力以爲之雖欲立志亦烏在其爲志乎故立志者爲學之心也爲學者立志之事也譬之奕焉奕者其事也專心致志者其心一也以爲鴻鵠將至者其心二也惟奕秋之爲聽其事專也思援弓繳而射之

其事分也守諧曰人之言曰知之未至行之不力予未有知也何以能行乎予曰是非之心知也人皆有之子無患其無知惟患不肯知耳無患其知之未至惟患不致其知耳故曰知之非艱行之惟艱今執途之人而告之以凡爲仁義之事彼皆能知其爲善也告之以凡爲不仁不義之事彼皆能知其爲不善也途之人皆能知之而子有弗知乎如知其爲善也致其知爲善之知而必爲之則知至矣知知其爲不善也致其知爲不善之知而必

不爲之則知至矣知猶水也人心之無不知猶水之無不就下也決而行之無有不就下者決而行之者致知之謂也此吾所謂知行合一者也吾子疑吾言乎夫道一而已矣

書朱子禮卷

子禮爲諸暨宰問政陽明子與之言學而不及政子禮退而省其身懲己之忿而因以得民之所惡也窒己之慾而因以得民之所好也舍己之利而因以得民之所趨也惕己之易而因以得民之所

忽也去己之蠹而因以得民之所患也明己之性而因以得民之所同也三月而政舉嘆曰吾乃今知學之可以爲政也已他日又見而問學陽明子與之言政而不及學子禮退而脩其職平民之所惡而因以懲己之忿也從民之所好而因以窒己之慾也順民之所趨而因以舍己之利也警民之所忽而因以惕己之易也拯民之所患而因以去己之蠹也復民之所同而因以明己之性也朞年而化行嘆曰吾乃今知政之可以爲學也已他日

又見而問政與學之要陽明子曰明德親民一也古之人明明德以親其民親民所以明其明德也是故明明德體也親民用也而止至善其要矣子禮退而求至善之說炯然見其良知焉曰吾乃今知學所以爲政而政所以爲學皆不外乎良知焉信乎止至善其要也矣

書林司訓卷

林司訓年七十九矣走數千里謁予於越予憫其既老且貧媿無以爲濟也嗟乎昔王道之大行也

分田制祿四民皆有定制壯者修其孝悌忠信老者衣帛食肉不負戴於道路死徙無出鄉出入相友疾病相扶持烏有耄耋之年而猶奔走衣食於道路者乎周衰而王迹熄民始有無恒産者然其時聖學尚明士雖貧困猶有固窮之節里閭族黨猶知有相恤之義逮其後世功利之說日浸以盛不復知有明德親民之實士皆巧文博詞以餙詐相規以僞相軋以利外冠裳而内禽獸而猶或自以爲從事於聖賢之學如是而欲挽而復之三代

嗚呼其難哉吾爲此懼揭知行合一之說訂致知格物之謬思有以正人心息邪說以求明先聖之學庶幾君子聞大道之要小人蒙至治之澤而曉曉者皆視以爲狂惑喪心詆笑訾怒予亦不自知其力之不足日擠於顛危莫之救以死而不顧也不亦悲夫予過彭澤時嘗憫林之窮使邑令廷爲社學師至是又失其業於其歸也不能有所資給聊書此而遺之

書夢星卷

潮有處士黃翁保號坦夫者其子夢星來越從予學越去潮數千里夢星居數月輒告一歸省其父去未二三月輒復來如是者屢屢夢星質性溫然善人也而甚孝然禀氣差弱若不任於勞者竊怪其乃不憚道途之沮遠而勤苦無已也因謂之曰生既聞吾說可以家居養親而從事矣奚必往來跋涉若是乎夢星跽而言曰吾父生長海濱知慕聖賢之道而無所從入既乃獲見吾鄉之薛楊諸子者得夫子之學與聞其說而樂之迺以責夢星

曰吾衰矣吾不希汝業舉以干祿汝但能若數子者一聞夫子之道焉吾雖啜粥飲水死填溝壑無不足也矣夢星是以不遠數千里而來從每歸省求爲三月之留以奉菽水不許則求爲踰月之留亦不許居未旬日即已具資糧戒童僕促之啓行夢星涕泣以請則責之曰唉兒女子欲以是爲孝我乎不能黄鵠千里而思爲翼下之雛徒使吾心益自苦故亟遊夫子之門者固夢星之本心然不能久留於親側而倏往倏來者吾父之命不敢違

也予曰賢哉處士之爲父孝哉夢星之爲子也勉之哉
卒成乃父之志斯可矣今年四月上旬其家忽使
人來訃云處士沒矣嗚呼惜哉嗚呼惜哉聖賢之
學其久見棄於世也不啻如土苴苟有言論及之
則衆共非笑詆斥以爲怪物惟世之號稱賢士大
夫者乃始或有以之而相講究然至考其立身行
己之實與平日家庭之間所以訓督期望其子孫
者則又未嘗不汲汲焉惟功利之爲務而所謂聖
賢之學者則徒以資其談論粉飾文具於其外如

是者常十而八九矣求其誠心一志實以聖賢之學督教其子如處士者可多得乎而今亡矣豈不惜哉豈不惜哉沮遠無由往哭遥寄一奠以致吾傷悼之懷而叙其遺子來學之故若此以風勵夫世之父兄者亦因以益勵夢星使之務底於有成以無忘乃父之志

書趙孟立卷

趙仲立之判辰也問政於陽明子陽明子曰郡縣之職以親民也親民之學不明而天下無善治矣敢問

親民曰明其明德以親民也敢問明明德曰親民以明其明德也曰明德親民一乎君子之言治也如斯而已乎曰親吾之父以及人之父而孝之德明矣親吾之子以及人之子而慈之德明矣明德親民也而可以二乎惟夫明其明德以親民也故能以一身爲天下親民以明其明德也故能以天下爲一身夫以天下爲一身也則八荒四表皆吾支體而況一郡之治心腹之間乎

書李白騎鯨

李太白狂士也其謫夜郎放情詩酒不戚戚於困窮蓋其性本自豪放非若有道之士真能無入而不自得也然其才華意氣足蓋一時故既沒而人憐之騎鯨之說亦後世好事者爲之極恠誕明者所不待辯因閱此聊及之耳

書三酸

人言鼻吸五斗醋方可作宰相東坡平生自謂放達然一滴入口便爾閉目攢眉宜其不見容於時也偶披此圖書此發一咲

書韓昌黎與太顛坐叙

退之與孟尚書書云潮州有一老僧號太顛頗聰明識道理與之語雖不盡解要自胷中無滯礙因與來往及祭神於海上遂造其廬來袁州留衣服爲别乃人情之常非崇信其法求福田利益退之之交太顛其大意不過如此而後世佛氏之徒張大其事往往見之圖畫眞若弟子之事嚴師者則其誣退之甚矣然退之亦自有以取此者故君子之與人不可以不慎也

南岡說

浙大叅朱君應周居蕭之壺公山下應周之名曰鳴陽蓋取詩所謂鳳凰鳴矣于彼朝陽之義也蕭人之言曰應周則誠吾蕭之鳳矣其居青瑣進讜言而天下想望其風采則誠若鳳之鳴於朝陽者矣夫鳳之棲必有高岡則壺公者固其所從而棲鳴也於是號壺公曰南岡蓋亦取詩所謂鳳凰鳴矣于彼高岡之義也應周聞之曰嘻因予名而擬之以鳳焉其名也人固非鳳也因壺公而號之以

南岡焉其實也固亦岡也吾方媿其名之虛而思以求其號之實也因以南岡而自號大夫鄉士爲之詩歌序記以咏嘆揄揚其美者既已連篇累牘而應周猶若未足勤勤焉以蘄於予必欲更爲之一言是其心殆不以贊譽稱頌之爲喜而以樂聞規切砥礪之爲益也吾何以荅應周之意乎姑請就南岡而與之論學夫天地之道誠焉而已耳聖人之學誠焉而已耳誠故不息故久故徵故悠遠故博厚是故天惟誠也故常清地惟誠也故常寧

日月惟誠也故常明今夫南岡亦拳石之積耳而其廣大悠久至與天地而無彊焉非誠而能若是乎故觀夫南岡之厓石則誠厓石爾矣觀夫南岡之溪谷則誠溪谷爾矣觀南岡之峯巒岩壑則誠峯巒岩壑爾矣是皆實理之誠然而非有所虛假文飾以僞爲於其間是故草木生焉禽獸居焉寶藏興焉四時之推遷寒暑晦明烟嵐霜雪之變態而南岡若無所與焉鳳凰鳴焉而南岡不自以爲瑞也虎豹藏焉而南岡不自以爲威也養生送死

者資焉而南罔不自以爲德雲霧興焉而見光怪而南罔不自以爲靈是何也誠之無所爲也誠之不容已也誠之不可掩也君子之學亦何以異於是是故以事其親則誠孝爾矣以事其兄則誠弟爾矣以事其君則誠忠爾矣以交其友則誠信爾矣是故蘊之爲德行矣措之爲事業矣發之爲文章矣是故言而民莫不信矣行而民莫不悦矣動而民莫不化矣是何也一誠之所發而非可以聲音笑貌幸而致之也故曰誠者天之道也思誠者

人之道也應周之有取於南岡而將以求其實者殆亦無出於斯道也矣果若是則如應周豈非思誠之君子歟夫思誠之功精矣微矣應周蓋已知之眞而得之純矣異時來過稽山之麓尚能爲我一言其詳乎

客座私祝

但願温恭直諒之友來此講學論道示以孝友謙和之行德業相勸過失相規以教訓我子弟使毋陷於非僻不願狂懆惰慢之徒來此博奕飲酒長傲飾非導以驕奢淫蕩之事誘以貪財黷貨之謀

賓頑無耻扇惑鼓動以益我子弟之不肖嗚呼由前之説是謂良士由後之説是謂凶人我子弟苟遠良士而近凶人是謂逆子弟戒之戒之

嘉靖丁亥八月將有兩廣之行書此以戒我子弟并告夫士友之辱臨於斯者倶請一覽教之

王公傳

公諱鏊字濟之王氏其先自汴扈宋南渡諱八百者始居吳之洞庭山曾祖伯英祖惟道考光化知縣朝用皆贈光祿大夫柱國少傅兼太子太傅戶

部尚書武英殿大學士姚三代皆一品夫人公自幼穎悟不凡十六隨父讀書太學太學諸生爭傳誦其文一時先達名流咸屈年行求為友侍郎葉文莊提學御史陳士賢咸有重望于時見而奇之曰天下士於是名聲動遠邇成化甲午應天鄉試第一主司異其文曰蘇子瞻之流也録其論策不易一字乙未會試復第一入奉
廷對衆望翕然執政忌其文乃置一甲第三時論以為屈授翰林編修閉門力學避遠權勢若將浼

焉九載陞侍講
憲廟實録成陞右諭德尋薦為侍講學士兼日講
官每進講至天理人欲之辯君子小人之用舍必
反覆規諭務盡啓沃方春
上遊後苑左右諫不聽公講文王不敢盤于遊田
上為罷遊講罷嘗召所幸廣戒之曰今日講官所
指殆為若等好為之時
東宮將出閣大臣請選正人以端國本首薦用公
以本官兼諭德尋陞少詹事兼侍講學士既而吏

部缺侍郎又遂以為吏部時北虜入寇公上籌邊
八事雖忤權倖而卒多施行公輔之望日隆於是
災異內閣謝公引咎求退遂舉公以自代
武宗在亮闇內侍八人荒游亂政臺諫交章中外
洶洶公協韓司徒率文武大臣伏闕以請
上大驚怒有旨召公等至左順門中官傳諭甚厲
衆相視莫敢發言公曰八人不去亂本不除天下
何由而治論議侃侃韓亦危言繼之中官語塞一
時國論倚以為重然自是八人者竟分布要路璫

入柄司禮而韓公遂逐內閣劉謝二公亦去矣
詔補內閣缺瑾意欲引冢宰焦衆議推公瑾雖中
難公論遂與焦俱入閣瑾方威鉗士類搜
索微瑕輒枷械之幾死者累累公亟言於瑾曰士
大夫可殺不可辱今既辱之又殺之吾尚何顔於
此由是類從寬釋瑾銜韓不已必欲置之死無敢
言者又欲以他事中內閣劉謝二公前後力救之
乃皆得免大司馬華容劉公以瑾舊怨逮至京將
坐以激變土官岑氏罪死公曰岑氏未叛何名爲

激变乎劉得減死或惡石淙揚公於瑾謂其築邊大費屢以為言公曰楊有高才重望為國脩邊乃可以功為罪乎瑾議焚廢后吳氏之喪以滅迹曰不可以成服公曰服可以不成塟不可以苟景泰汪妃薨疑其禮公曰妃廢不以罪宜復其故號塟以妃祭以后皆從之當是時瑾權傾中外雖意不在公然見公開誠與言初亦間聽及焦專事媕阿議彌不恊而瑾驕悖日甚毒流縉紳公過之不能得居常戚然瑾曰王先生居高位何自苦乃爾耶

公曰求去瑾意愈咈衆處禍且不測公曰吾義當去不去乃禍耳瑾使伺公無所得且聞交贄亦絶乃笑曰過矣於是懇疏三上

許之賜璽書乘傳歲夫月米以歸時方危公之求去咸以為異數云公既歸矣屏謝紛囂翛然山水之間究心理性尚友千古至其與人清而不絶於俗和而不淆於時無貴賤少長咸敬慕悅服有所興起平生嗜欲澹然矣中士夫所好尚玩賞觀遊之具一無所入惟喜文辭翰墨之事至是亦皆脫

落雕繪出之自然中年嘗作明理克己二箴以進
德祗行及充養既久睟盎純明凡所著述必有所
發其論性善云欲知性之善乎盍反而内觀乎寂
然不動之中而有至虛至靈者存焉湛兮其非有
也不墮於中邊不雜於聲臭當是時也善且未形
而惡有所謂惡者哉惡有所謂善惡混者哉惡有
所謂三品者哉性其猶鑑乎鑑者善應而不留物
來則應物去則空鑑何有焉性惟虛也惟靈也惡
安從生其生於蔽乎氣質者性之所寓也亦性之

所由蔽也氣質異而性隨之譬之珠焉硋於澄淵則明硋於濁水則昏硋於汙穢則穢澄淵上智也濁水凡庶也汙穢下愚也天地間腷塞充滿皆氣也氣之靈則性也人得氣以生而靈隨之譬之月在天物各隨其分而受之江湖淮海此月也池沼此月也溝渠此月也坑塹亦此月也蓋必物物而授之心者月之魄也性者月之光也情者光之發於物者也其所論造後儒多未之及居閒十餘年海內士夫交章論薦不輟及

今上即位始遣官優禮歲時存問將復起公而公
已沒時嘉靖三年三月十一日壽七十五矣贈太
傅諡文恪祭葬有加禮四子延喆中書舍人延素
南京中軍都督府都事延陵郡學生延昭尚幼皆
彬彬世其家　　史臣曰世所謂完人若震澤先
生王公者非耶內裕倫常無俯仰之憾外際
明良極祿位聲光之顯自為童子至於耆耋上自
廟朝下逮閭巷至於偏偶或師其文學或慕其節
行或仰其德業隨所見異其稱莫或有瑕疵之者

所謂壽富康寧攸好德而考終命公殆無媿爾矣無錫邵尚書國賢與公婿徐學士子容皆文名冠一時其稱公之文規模昌黎以及秦漢純而不流于弱奇而不涉于恠雄偉俊潔體裁截然振起一代之衰得法於孟子論辯多古人未發詩蕭散清逸有王岑風格書法清勁自成得晋唐筆意天下皆以為知言陽明子曰王公所深造世或未之能盡也然而言之亦難矣著其性善之說以微見其槩使後世之求公者以是觀之

田州立碑

嘉靖丙戌夏官兵伐田隨與思恩之人相比復煽
集軍四省洶洶連年于時
皇帝憂憫元元容有無辜而死者乎廼
命新建伯王守仁曷往視師其以德綏勿以兵虔
班師撤旅信義大宣諸夷感慕旬日之間自縛
來歸者七萬一千悉放之還農商以安昔有
苗徂征七旬來格今未期月而蠻夷率服綏之斯
來速於郵傳舞干之化何以加焉爰告思田毋忘

帝德爰勒山石昭此赫赫
文武聖神率土之濱凡有血氣莫不尊親

銘一首

來爾同志古訓爾陳惟古爲學在求放心心苟或
放學乃徒勤勿憂文辭之不富惟慮此心之未純勿
憂名譽之不顯惟慮此心之或湮斯須不敬鄙慢
入造次不謹放僻成反觀而內照虛己以受人言
勿傷於煩易志勿惰於因循勿以亡而爲有勿以
虛而爲盈勿遂非而文過勿務外而徇名溫溫恭

人允惟基德堂堂張也難與爲仁卓爾在如愚之回一貫乃質魯之參終身可行惟一恕三年之功去一矜不貴其辯貴其訥不患其鈍患其輕惟亟焉而時敏乃闇然而日新凡我同志宜鑒茲銘

箴一首

立之教者莫難嚴師師嚴道尊教乃可施嚴師維何莊敬自持外內若一匪徒威儀施教之道在勝己私孰義孰利辯析毫釐源之弗潔厥流孔而毋忽其細慎獨謹微毋事於言以身先之教不由誠曰

惟自斁施不以序孰云匪愚庶予知新患在好為
凡我師士宜鑒於兹

三箴

嗚呼小子曾不知警堯詎未聖猶日兢兢既墜于淵猶恬履薄既折爾股猶邁奔蹶人之冥頑則疇與汝不見蹷踵砭之迺斯愈不見屢痺劑遄斯起人之毀詬皆汝砭劑汝曾不知反以為怒匪怒伊色亦反其語汝之冥頑則疇之比嗚呼小子告爾不一既四十有五而曾是不憶、

嗚呼小子愼爾出話慄言維多吉言維寡多言何益徒以取禍德黙而成仁者言訒孰黙而識孰訒而病譽人之善過情猶耻言人之非罪曷有已嗚呼多言亦惟汝心汝心而存將日欽欽豈遑多言上帝汝臨

嗚呼小子辭章之習爾工何爲不以劉譽不以蠱愚恌彼優伶爾視孔醜覆弱其術爾顏不厚日月踰邁爾胡不恤棄爾天命昵爾讐賊昔皇多士亦胥茲溺爾獨不鑒自詆伊亟

策問一道

問自天子以至於庶人自上古之聖神以至於後之賢士君子未有不由師友能有成者經傳之載詳矣請試言之夫師以傳道授業必賢於已者也孔子之師萇郯之流也果賢於孔子歟無友不如已而文王之友四人果皆文王所不若歟果文王所不若也則四人者爲友不若已矣民生於三事之如一弟子於師心喪三年若子貢之徒於孔子是已未聞孔子之喪萇郯若是也友不可以有挾

若獻子之友五人者是矣而孔子於原壤以杖叩脛焉無乃近於有挾乎不保其往待物之洪而取瑟之歌不已甚犯而不較與人之厚而責善之道無乃虧後世若操戈入室已無足責而施帳登堂者於師生之道果無愧乎擠井下石已非所倫而彈冠結綬者於朋友之誼果已盡乎立雪坐風嚴和不同而同稱善教何居分金投杖避讓不同而同稱善交何說今師友之道淪廢久矣欲起而振之以上有承於洙泗下無忝於濂洛若之何而可

諸君屢在不使方有責於師友之間不可以不講
也

教條

諸生相從於此甚盛恐無能為助也以四事相規
聊以答諸生之意一曰立志二曰勤學三曰改過
四曰責善其慎聽毋忽

立志

志不立天下無可成之事雖百工技藝未有不本
於志者今學者曠廢隳惰玩歲愒時而百無所成

皆由於志之未立耳故立志而聖則聖矣立志而賢則賢矣志不立如無舵之舟無銜之馬漂蕩奔逸終亦何所底乎昔人有言使爲善而父母怒之兄弟怨之宗族鄉黨賤惡之如此而不爲善可也爲善則父母愛之兄弟悅之宗族鄉黨敬信之何苦而不爲善爲君子使爲惡而父母愛之兄弟悅之宗族鄉黨敬信之如此而爲可也爲惡則父母怒之兄弟怨之宗族鄉黨賤惡之何苦而必爲惡爲小人諸生念此亦可以知所立志矣

○勤學

已立志為君子自當從事於學凡學之不勤必其志之尚未篤也從吾遊者不以聰慧警捷為高而以勤確謙抑為上諸生試觀儕輩之中苟有虛而為盈無而為有諱己之不能忌人之有善自矜自是大言欺人者使其人資稟雖甚超邁儕輩之中有弗疾惡之者乎有弗鄙賤之者乎彼固將以欺人人果遂為所欺有弗竊笑之者乎苟有謙默自持無能自處篤志力行勤學好問稱人之善而咎

己之失從人之長而明己之短忠信樂易表裏一致者使其人資禀雖甚魯鈍儕輩之中有弗稱慕之者乎彼固以無能自處而不求上人人果遂以彼爲無能有弗敬尚之者乎諸生觀此亦可以知所從事於學矣

改過

夫過者自大賢所不免然不害其卒爲大賢者爲其能改也故不貴於無過而貴於能改過諸生自思平日亦有缺於廉恥忠信之行者乎亦有薄於

孝友之道陷於狡詐偷刻之習者乎諸生殆不至於此不幸或有之皆其不知而誤蹈素無師友之講習規飭也諸生試內省萬一有近於是者固亦不可以不痛自悔咎然亦不當以此自歉遂餒於改過從善之心但能一旦脫然洗滌舊染雖昔爲寇盜今日不害爲君子矣若曰吾昔已如此今雖改過而從善將人不信我且無贖於前過反懷羞澁疑沮而甘心於汙濁終焉則吾亦絶望爾矣

◎責善

責善朋友之道然須忠告而善道之悉其忠愛致其婉曲使彼聞之而可從繹之而可改有所感而無所怒乃爲善耳若先暴白其過惡痛毀極詆使無所容彼將發其愧耻憤恨之心雖欲降以相從而勢有所不能是激之而使爲惡矣故凡訐人之短攻發人之陰私以沽直者皆不可以言責善雖然我以是而施於人不可也人以是而加諸我凡攻我之失者皆我師也安可以不樂受而心感之乎某於道未有所得其學鹵莽耳謬爲諸生相從

於此每終夜以思惡且未免況於過乎人謂事師無犯無隱而遂謂師無可諫非也諫師之道直不至於犯而婉不至於隱耳使吾而是也因得以明其是吾而非也因得以去其非蓋教學相長也諸生責善當自吾始

祭薛尚節文

嗚呼良知之學不明於天下幾百年矣世之學者蔽於見聞習染莫知天理之在吾心而無假於外也皆舍近求遠舍易求難紛紜交鶩以私智相高客

氣相競日陷於禽獸夷狄而不知間有獨覺其非
而略知反求於本源者則又群相詆笑斥爲異學
嗚呼可哀也矣蓋自十餘年來而海內同志之士
稍知講求於此則亦晨星之落落乍明乍滅未見
其能光大也潮陽在南海之濱聞其間亦有特然
知向之士而未及與見聞有來相見者則又去來
無常自君之弟尚謙始從予於留都朝夕相與者
三年歸以所聞於予者語君君欣然樂聽不厭至
忘寢食脫然棄其舊業如敝屣君素篤學高行爲

遠近所宗依尚謙自幼受業焉至是聞尚謙之論遂不知已之爲兄尚謙之爲弟已之嘗爲尚謙師而尚謙之嘗師於已也盡使其群弟子姪來學於予而君亦躬枉辱焉非天下之大勇能自勝其有我之私而果於徙義者孰能與於此哉自是其鄉之士若楊氏兄弟與諸後進之來從者源源以十數海内同志之盛莫有先於潮者則皆君之昆弟實爲之倡也其有功於斯道豈小小哉方將憑籍毗倚以共明此學而君忽逝矣其爲同志之痛可

勝道哉雖然君於斯道亦既有聞則夕死無憾矣其又奚悲乎吾之所爲傷痛涕洟而不能自已者爲吾道之失助焉耳天也可如何相望千里靡由走哭因風寄哀言有盡而意無窮嗚呼哀哉

祭程守夫文

吾友程守夫以弘治丁巳之春卒於京去今嘉靖甲申二十有八年矣嗚呼朋友之墓有宿草則勿哭而吾於君尚不能無潸然也君之父味道公與家君爲同年進士相知甚厚故吾與君有通家之

誼弘治壬子又同舉於鄉已而又同卒業於北雍寓邇居者四年有餘凡風雪之晨花月之夕山水郊園之遊無不與共蓋爲時甚久而爲迹甚密也而未嘗見君有憤詞怍色情日益篤禮日益恭其在家庭雍雍于于內外無間交海內之士無貴賤少長咸敬而愛之雖粗鄙暴悍遇君未有不薰然而心醉者當是時予方馳騖於舉業詞章以相矜高爲事雖知愛重君而尚未知其天資之難得也其後君既沒予亦入仕往往以粗浮之氣得罪於

人稍知創文始思君爲不可及尋謫貴陽獨居幽寂窮苦之鄉困心衡慮乃從事於性情之學方自苦其勝心之難克而客氣之易動又見夫世之學者率多娼嫉險隘不能去其有我之私以共明天下之學成天下之務皆起於勝心客氣之爲患也於是愈益思君之美質蓋天然近道者惜乎當時莫有以聖賢之學啓之有啓之者其油然順道將如決水之赴壑矣嗚呼惜哉乃今稍見端緒有足以啓君者而君已不可作也已君之子國子生烓

致君臨没之言欲予與林君利瞻爲之表誌林君既爲之表而君之壟已久誌已無所及則爲書其墓之碑聊以識吾之哀思夫君者不徒嬉遊征逐之好而已君諱文楷世居畾嚴之淳安其詳已具於墓表

祭朱守忠

嗚呼聖學之不明也久矣予不自量犯天下之詆笑而冒非其任恃以無恐者謂海内之同志者守忠者爲之疏附先後終將必有所濟也而自十餘

年來若吾姚之徐曰仁潮陽之鄭朝朔揚仕德武陵之冀惟乾者乃皆相繼物故而餘諸同志之尚存足可倚賴者又皆離群索居不能朝夕相與以資切磋砥礪之益今守忠又復棄我而逝天其或者既無意於斯文已乎何其善類之難合而易睽善人之難成而易喪也嗚呼痛哉守忠之於斯道既已識其大者又能樂善不倦傍招博採引接同志而趨之同歸於善者饑渴之於飲食視天下之務不啻其家事每欲以身徇之今茲之沒也實以

驅賊山東晝夜勞瘁至隕其身而不顧嗚呼痛哉
始守忠之赴山東也過予而告別云節於先生之
學誠有終身几席之願顧事功之心猶有未能脫
然者先生將何以裁之予曰君子之事進德脩業
而已雖位天地育萬物皆已進德之事故德業之
外無他事功矣乃若不由天德而求騁於功名事
業之塲則亦希高慕外後世高明之士雖知向學
而未能不為才力所使者猶不免焉守忠既已心
覺其非固當不為所累矣嗚呼豈知竟以是而忘

其身乎守忠之死蓋禦災捍患而死勤事能爲忠
臣志士之所難能矣而吾猶以是爲憾者痛吾道
之失助爲海内同志之不幸焉耳嗚呼痛哉靈輀云
邁一奠永訣豈無良朋孰知我心之悲嗚呼痛哉

祭席尚書文

嗚呼元山真可謂豪傑之士社稷之臣矣世方没
溺於功利辭章不復知有身心之學而公獨超然
遠覺知求絶學於千載之上世方黨同伐異徇俗
苟容以鈎聲避毁而公獨卓然定見惟是之從蓋

有舉世非之而不顧世方植私好利依違反覆以壟斷相與而公獨世道是憂義之所存冒孤危而必吐心之所宜徑百折而不回蓋其所論雖或亦有動於氣激於憤而其心事磊磊則如青天白日洞然可以信其無他世方娼諱讒險排勝己以嫉高明而公獨誠心樂善求以伸人之才而不自知其身之為屈求以進賢於國而不自知怨謗之集於其身蓋所謂斷斷休休人之有技若己有之者此大臣之盛德自古以為難非獨近世之所未見也

嗚呼世固有有君而無臣亦有有臣而無君者矣以公之賢而又遭逢　主上之神聖知公之深而信公之篤不啻金石之固膠漆之投非所謂明良相逢千載一時者歟是何天意之不可測其行之也方若巨艦之遇順風而其傾之也忽中流而折檣能其植之也方爾枝葉之敷榮而摧之也遂根株而蹶拔其果無意於斯世斯人也乎嗚呼痛哉痛哉守仁之不肖屢屢辱公過情之薦自度終不能有濟於時而徒以爲公知人之累每切私懷慚

愧又憶往年與公論學於貴竹受公之知最深近年以來覺稍有所進思得與公一面少叙其愚以求質正斯亦千古之一快而公今復已矣嗚呼痛哉聞公之訃不能奔哭千里設位一慟割心自今以往進吾不能有益君國退將益脩吾學期終不負知己之報而已矣嗚呼痛哉言有盡而意無窮嗚呼痛哉

祭吳東湖文

嗚呼吳公吾不可得而見之也公之才如干將莫邪隨其所試皆迎刃而解公之志如長川逝河信其所

趨雖百折不回公之節如堅松古栢必歲寒而後見
公之學知深林邃谷必窮探而始知自其筮仕迄於
退休敭歷中外幾於四十年而天下皆以爲未能盡
公之才登陟崇顯至於大司空而天下皆以爲未能
行公之志雖未嘗捐軀喪元而天下信其有成仁死
義之勇雖未嘗講學論道而天下知其有闢邪衛正
之心嗚呼若公者真可謂一世之豪傑無所待而興
者矣某於公未獲傾蓋而向慕滋切未獲識公之面
而又已知公之心　公於某其教愛勤惓不特篇章之

稠疊而過情推引亦復薦剡之頻煩長愧菲薄何以承公之教而懼其終不免為知人之累也今茲承乏是土而來正可登堂請謝論心求益而公則避我長逝已一年矣嗚呼傷哉幸與公並生斯世而復終身不及一面茫茫天壤竟成千古之神交豈不痛哉薄奠一觴以哭我私公神有知尚來格斯

祭陳判官文

維嘉靖七年　月　日

欽差總制四省軍務新建伯兵部尚書兼都察院

左都御史王差南寧府推官馮衡南寧衛指揮王佐致祭于已故德慶州陳判官之墓往年羅滂淥水諸賊爲地方患害判官嘗與已故指揮李松議設墟埸以制禦賊黨安靖地方殫心竭力盡忠國事人皆知之然其時百姓雖稍賴以寧而各賊之不得肆其兇虐者嫉恨日深其後不幸判官與李松竟爲賊首趙木子等所害以忠受禍心事未由暴白連年官府亦欲爲之討賊雪憤然以地方多事之故又恐鋒刃所加玉

石無分濫及良善是以因循未即進兵令賊首趙木子等已爲該道官兵用計擒獲明正典刑桵與判官之忠勤益於彰著已特遣官以趙木子等各賊首級祭告于李桵之墓矣今復遣南寧府衛官祭告于判官之墓死而有知亦可以少泄連年忠憤不平之氣也夫

祭劉仁徵主政

維正德三年歲次戊辰十一月十八日友生王守仁謹以清酌庶羞致奠于亡友劉君嗚呼仁

者必壽吾敢謂斯言之孚歟乎作善而降殃吾竊於君而有疑乎跖蹻之得志在往昔而既有夷平之餕以槁也亦寧獨無於今之時乎人謂君之死瘴癘爲之噫嘻彼封豕長蛇膏人之髓肉人之肌者何啻乎百鲁不被厄而惟君是罹斯言也吾初不以爲是人又謂瘴癘盖不正之氣其與人相遭於幽昧邅難之區也在憸邪爲同類而君子爲非宜則斯言也吾又安得而盡非之乎於乎死也者人之所不免名也者人之

所不可期雖修短枯榮變態萬狀而終必歸於一盡君子亦曰朝聞道夕死可矣視若夜旦其生也奚以喜其死也奚以悲乎其視不義之物若將浼已又肯從而奔趨之乎而彼認為已有戀而弗能舍因以沉酗於其間者近不出三四年或八九年遠及一二十年固已化為塵埃蕩為沙泥矣而君子之獨存者乃彌久而益輝嗚呼彼龜鶴之長年蜉蝣亦何自而知之乎屬有足疾弗能走哭寄奠一觴有淚盈掬復何言哉復何言哉嗚呼尚享

蜀府伴讀曹先生墓誌銘

弘治十八年三月己亥蜀府伴讀曹先生卒又三年始克葬是爲正德戊辰之冬緩家難也將塟其子軒謀所以誌其墓者於時餘姚王守仁以言事謫貴陽軒曰是可以托我先人於不朽矣以其妹婿越搸狀来請貴陽之士從守仁遊者詢焉皆曰信乃爲誌之先生始以明詩經舉於鄉入試進士中乙榜選教蘷之建始建始之學名存實廢先生至爲立學宫設規條啓新滌穢口授身率士始去

誕謗循帖知學科第勃興化爲名年改教成都華陽化之如建始部使者以良有司薦將試之州郡先生聞曰是非吾所能也會以滿考至部懇求補遂以爲蜀惠王伴讀先生入則論經史開諭德義出咨否可備替獻王甚尊寵敬信之欲加之秩請於

朝固辭不可乃止及嗣王立復加之辭益至王使私焉曰聞府之進秩者皆先容而獲今王以義舉而使者以賄成之辱上甚矣其敢不承於先王王

嘆曰純士勿强之先生以知遇之厚無弗盡憸曲
有陰嫉之者居久之乃以老求去王曰君忘先王
耶先生再拜謝曰臣死不朽殿下之及此言將顧
諟明命正厥事臣孰敢非正之供奚事儲臣不然
臣死且無日况能左右是圖不得已許之家居五
年壽七十有一卒之五月以藩府舊勞進階登仕
郎先生之先爲吳人也永樂間曾大父迪功郎烱
始來自蘇之長洲戍貴陽家焉烱生伏乙伏乙生
二子榮昌昌娶秦氏生先生及弟爾方齔而相繼

以殁掬於大父之側室王伯爕是庇王卒先生去官衰焉伯爕既耄先生奉以之官不欲留養不許乃大備羞耆慎終之具而後行謂其子曰吾聞絞紟衾冒死而後制然吾四方之役也可異乎亦爲之具嗚呼若先生乃可以爲子諒篤行之士今亡矣配孺人劉氏子五人輊幹蠱軾先卒轍旌義民軒庠生力學有聞軏業舉女五人適知縣尤壽章皆名家孫男女六人先生之世德於是乎證先生諱霖字時望號戇菴墓在貴陽城東祖塋之次銘

曰於維斯人此士之方彼藩之良淵塞孔將不寧維藩可以相邦靡曰其下厥聞既起靡曰其逝其儀孔邇我行其野我踐其里其耇若稺其昆若嗣於維斯人不愧銘只

陽朔知縣楊君墓誌銘

陽明子謫居貴陽有齊衰而杖者因鄉進士鄭鑾氏而來請曰陽朔令楊尚文卒其孤姪卿來謂鑾曰先伯父死無嗣予所知我後人又不競非得當世名賢爲一言於墓將先德其泯廢無日子辱於

伯父久亦宜所甚憫其若之何敢遂以鄉奉其先人之遺幣再拜階下以請陽明子曰嘻予攅人惧僇辱之弗逴奚取以銘人之墓爲其改圖諸鄉伏階下泣弗興鄭爲之請盍固則登其狀與幣於席而揖使歸曰吾徐思之明日鄉來伏階下泣又明日復來曰不得命無以郎喪次館下之士多爲之請且言尚文之爲人曰尚文敦信猶直其居鄉不苟與所交必名士巨人視儕輩之弗臧者若浼焉嘗召其友飲狂士有因其友願納歡者與偕往尚

文祚弗愛曰吾爲某不爲若其峻絶如是陽明子
曰其然斯亦難得矣今之人攜同汚逐垢弗自振
立故風俗靡靡至此若斯人又易得耶因取其狀
視之多若舘下士之言焉乃許爲之誌維楊氏之
先居楊之泰州祖廣爲監察御史擢叅議貴陽卒
遂家焉考祥終昭化縣尹生三子伯敎仲敬即尚
文季敬宰荆門之建陽驛尚文始從同郡都憲徐
公授易尋舉鄉薦中進士乙榜三爲司訓廬江溧
陽平樂總試事於蜀未用大臣薦擢尹桂林陽朔縣

徭禎弗即工者累年尚文諭以威德皆相率來受約束供賦稅流移聞之歸復業者以千數部使者以聞將加擢用而尚文死矣得年僅五十有三又無嗣天於善人何哉然尚文所歷三庠之士思其教陽朔之民懷其惠鄉之後進高其行其與身沒而名踣又爲人所譏鄙者雖有子若孫何如哉娶同郡阮氏瑞新昌主簿君女尚文雖無子有鄉存焉猶子也銘曰獅山之麓有封若斧左岡右砠栩栩其樹爰有周行于封之下鄉人過者來視其處曰嗚呼斯楊尹之墓耶

孺人詹母越氏墓誌銘

予年友詹恩蓋臣既卒之明年予以言事謫貴陽哭蓋臣之墓有宿草矣登其堂有母孺人之殯在重以為蓋臣傷見蓋臣之弟惠及其子雲章則如見蓋臣焉惠將舉葬事因以公銘於予不及為蓋臣銘銘其母之墓又何辭乎按狀孺人姓越氏高祖為元平章曾祖鎮江路總管入國初來居貴陽父存仁翁生孺人愛之必為得佳婿時蓋臣之祖止菴亦方為蓋臣父封評事公求配皆未有當意

者一日止菴携評事過存仁飲見孺人焉爾父遂相心許之故孺人歸於評事評事公好奇有文事累立軍功倜儻善遊嘗自滇南入蜀踰相歷吴楚齊魯燕趙之區動逾年歳孺人閨處釐外内之務家政嶄然評事公出則資馬僕從入則供具飲食以交四方之賢孺人蚤夜承之無怠容恩亦隨舉進士歷官大理寺正公孺人卒受恩封焉嗚呼孺人相夫爲閨人訓其子以顯於時可謂賢也矣爾子恩先卒惠方爲郡庠生女一適舉人張宇孫三雲

表雲章雲行雲章以評事公軍功百户優給人謂孺人之澤未艾也墓從評事公兆於城西原銘曰

母也惟慈妻也惟順嗚呼孺人慈順以訓生也惟從死也惟同城西之祔歸於其宫

故叔父易直先生墓誌

易直先生卒鄉之人相與哀思不已從而纂述其行以誄之曰嗚呼先生之道諒易平直内篤於孝友外孚於忠實不戚戚於窮不欣欣於得翦徹匡幅於物無抵于于施施率意任真而亦不干於禮

藝學積行將施于邦六舉于鄉竟弗一獲以死嗚呼傷哉自先生之没鄉之子弟無所式為善者無所倚談經究道者莫與考論含章秘迹林棲而澤遁者莫與遨游以處天胡奪吾先生之速耶先生姓王名袞字德章古者賢士死則有以易其號令先生没且三年而猶襲其常稱其謂鄉人何盍相與私謚之曰易直於是先生之姪棊聞而泣曰叔父有善吾子姪弗能紀述而以辱吾之鄉老亦奚為於子姪請得誌諸墓嗚呼吾宗江左以來世不

之賢自吾祖竹軒府君以上凡積德纍仁者數世而始發於吾父龍山先生叔父生而勤脩砥礪能協成吾父之志人謂相繼而興以昌王氏者必在叔父而又竟止於此天意果安在哉叔母葉孺人先叔父十有三年卒生二子守禮守信繼孺人方氏生一子守恭叔父之生以正統己巳十月戊午得壽四十有九而以弘治戊午之八月廿三卒卒之歲太夫人岑氏方就養於京泣曰須吾歸視其柩於是壬戌正月太夫人自京歸始克以十月甲

子瘞叔父於邑東穴湖山之陽南去竹軒府君之墓十武而近去葉孺人之墓十武而遥未合葬葢有所俟也

登仕郎馬文重墓誌銘

浅漢臺里有馬翁者長身而多知涉書史少喜談兵戈四方之賢指畫山川道里弛張闔闢自謂功業可棹臂取嘗登乇碭山左右眺望正肅慷慨時人莫測也中年從縣司辟爲椽巳得選忽不懌復遂棄去授登仕郎歸與家人力耕致饒富輙以散其

族黨鄉隣墜死恤孤賑水旱修橋梁惟恐有間既老乃益循飭邑人望而尊之以爲大賓焉年八十六正德丙子四月三日無病而卒長子思仁時爲鴻臚司儀署丞勤而有禮予既素愛之至是聞父喪慟毀幾絶以狀來請予銘又哀而切遂不能辭按狀翁名琇字文重父某祖某曾某皆有隱德子男若干人女若干人以是年　月　日葬丞軍營祖塋之側爲之銘曰豐歲之間自昔多魁若漢之蕭曹使不遇高祖乘風雲之會固將老終其身於

刀筆之間世之懷奇不偶無以自見於時名堙沒
而不著者何可勝數若翁者亦其人之非耶然考
其爲迹亦異矣嗚呼千里之足困於伏櫪連城之
珍或混瓦礫不琢其章於璧何傷不篤以驥矣禎
於良嗚呼馬翁茲焉永藏

新刊陽明先生文録續編卷之二

新刊陽明先生文録續編卷之二

用韻四絶

滁流亦沂水童冠得幾人莫負詠歸興溪山正暮春

桃源在何許西峰最深處不用問漁人沿溪踏花去

池上偶然到紅花間白花小亭閒可坐不必問誰家

溪邊坐流水水流心共閒不知山月上松影落衣

班

與高貢士

見說浮山麓深林遶石溪何時拂衣去三十六巖
棲

見說浮山勝心與浮山期三十六巖内為選一巖
奇

九華山下柯秀才家

蒼松抱層嶂白瀑流雙溪下有幽人宅蘿深客到
稀

無相寺

老僧巖下屋繞屋皆松竹朝聞春鳥啼夜伴巖虎宿

無相寺夜宿聞雨

坐望九華碧浮雲生曉寒山靈應秘惜不許俗人看

靜夜聞林雨山靈似欲留只愁梯石滑不得到峰頭

芙蓉閣

巖下雲萬重洞口桃千樹終歲無人來惟許山僧住

青山意不盡還向月中看明日歸城市風塵又馬鞍

重遊無相寺次韻

遊興殊未盡塵寰不可留山青只依舊白盡世間頭

人迹不到地茆茨亦數間借問此何處云是九華山

拔地千峰起芙蓉插曉寒當年看不足今日復來看

瀑流懸絕壁峰月上寒空鳥鳴蒼磵底僧住白雲中

牛峰寺

翠壁看無厭山池坐益清深林落輕葉不道是秋聲

怪石有千窟老松多半枝清風灑巖洞是我再來時

贈守中北行

江北梅花雪易残山牕一樹自家看臨行掇贈聊数顆珎重清香是歲寒

來何匆促去何遲來去何心莫漫疑不爲高堂双雪鬢歲寒留受北風欺

題歲寒亭贈汪尚和

一覺紅塵夢欲残江城六月滯風湍人間炎暑無逃避歸向山中卧歲寒

與徽州程畢二子

句句糠粃字字陳却於何處覓知新紫陽山下多
豪俊應有吟風弄月人

山中懶睡

竹裏藤床識懶人脫巾山麓認吾真病夫久已逃
方外不受人間禮数嗔
掃石焚香任意眠醒來時有客談玄松風不用蒲
葵扇坐對青崖百丈泉
古洞幽深絶世人石床風細不生塵日長一覺羲
皇睡又見峰頭上月輪

人間白日醒猶睡老子山中睡却醒醒睡兩非還
兩是溪雲漠漠水冷冷

題灌山小隱

茆屋山中早晚成任他風雨任他晴男婚女嫁多
年畢不待而今學向平

一自移家入紫烟深林住久遂忘年山中莫道無
供給明月清風不用錢

書扇面寄舘賓

湖上群山落照晴湖邊萬木起秋聲何年歸去陽

明洞獨棹扁舟鑑裡行

用實夫韻

詩從雪後吟偏好酒向山中味轉佳巖瀑隨風雜鍾磬水花如雨落袈裟

牛峰寺

人間酷暑避不得清風都在深山中池邊一坐即三日忽見巖頭碧樹紅

兩到淨峰興轉劇醉眠三日不知還眼前風景色色異惟有人聲似世間

次欒子仁韻送別

從來尼父欲無言，須信無言已躍然。悟到鳶魚飛躍處，工夫原不在陳編。

操持存養本非禪，矯枉寧知已過偏。此去好從根腳起，竿頭百尺未須前。

野夫非不愛吟詩，才欲吟詩即亂思。未會性情涵泳地，二南還合是淫辭。

道聽塗傳影響前，可憐絕學遂多年。正須閉口林間坐，莫道青山不解言。

贈陳東川

白沙詩裏蕭陽子盡是相逢逆旅間開口向人談古禮拂衣從此入雲山

遠公講經臺

遠公説法有高臺一朶青蓮雲外開臺上久無獅子吼野狐時復聽經來

太平宫白雲

白雲休道本無心隨我迢迢度遠岑攔路野風吹暫斷又穿深樹候前林

題四老圍棋圖

世外烟霞亦許特。至今風致後人思。却懐劉項當年事。不及山中一着棋。

登蓮花峯

蓮花頂上老僧居脚踏蓮花不染泥夜半華星吐明月一顆懸空黍米珠

夜宿天池月下聞雷次早知山下大雨

昨夜月明峰頂宿隱隱雷聲在山麓曉來却問山下人風雨三更捲茆屋

野人權作青山主風景朝昏頗裁取巖傍日脚半
溪雲山下雷聲一村雨

天池之水近無主木魅山妖競偷取公然又盜山
頭雲去向人間作風雨

文殊臺夜觀佛燈

老夫高卧文殊臺柱杖夜撞青天開散落星辰滿
平野山僧盡道佛燈來

書汪進之太極巖

一竅誰將混沌開千年樣子道州來須知太極元

無極始信心非明鏡臺
始信心非明鏡臺須知明鏡亦塵埃人人有箇圓
圏在莫向蒲團坐死灰

睡起偶成

四十餘年睡夢中而今醒眼始朦朧不知日已過
亭午起向高樓撞曉鍾
起向高樓撞曉鍾尚多昏睡正懵懵縱令日暮醒
猶得不信人間耳盡聾

登小孤次陸良弼韻

看盡東南百二峰小孤江上是真龍揬龍我欲乘風去高躡層霄絶世踪

雪望

風雪樓臺夜更寒曉來霽色滿山川當歌莫放陽春調幾處人家未起煙
初日湖山雪未融野人村落閉重重安居信是豐年兆爲語田夫莫惰農
霽景朝來更好看河山千里思漫漫茅簷日色猶堪曝應是邊關地更寒

法象宜濛失巨纖連朝風雪費粧嚴誰將壓世化珠玉好與貧家聚米鹽

詠良知四首示諸生

箇箇人心有仲尼自將聞見苦遮迷而今指與真頭面只是良知更莫疑

問君何事日憧憧煩惱場中錯用功莫道聖門無口訣良知兩字是參同

人人自有定盤針萬化根源總在心却笑從前顛倒見枝枝葉葉外頭尋

無聲無臭獨知時此是乾坤萬有基拋却自家無
盡藏沿門持鉢效貧兒

答人問良知

良知即是獨知時此知之外更無知誰人不有良
知在知得良知却是誰

知得良知却是誰自家痛癢自家知若將痛癢從
人問痛癢何須更問爲

答人問道

饑來吃飯倦來眠只此修行玄更玄說與世人渾

不信。都從身外覓神僊。

寄石潭書并詩二絶

僕兹行無所樂樂與二公一會耳得見閑齋固已如見石潭矣留不盡之興於後期豈謂樂不可極耶聞尊恙已平復必於不出見客無乃太以界限自拘乎奉次二絶用發一笑且以致不及請教之憾

見說新居止隔山肩輿曉出暮堪還知公久已藩籬撤何事深林尚閉關

乘輿相尋涉萬山扁舟亦復及門還莫將身病為
心病可是無關却有關

謁伏波廟

捲甲歸來馬伏波早年兵法鬓毛皤雲埋銅柱雷
轟折六字題文尚不磨

西湖醉中謾書

掩映紅粧莫謾猜隔林知是藕花開共君醉卧不
須到自有香風拂面來

泛海

險夷原不滞胸中何異浮雲過太空夜靜海濤三萬里月明飛錫下天風

夜宿功德寺次宗賢韻

山行初試夾衣輕脚軟黄塵石路生一夜洞雲眠未足湖風吹月渡溪清

水邊楊柳覆茅檐飲馬春流更一登坐久遂忘歸路夕溪雲正瀉暮山青

別方叔賢

西樵山色遠依依東指江門石路微料得楚雲臺

上客久懸秋月待君歸

自是孤雲天際浮篋中枯蠧豈相謀請君靜後看羲畫曾有陳編一字否

休論寂寂與惺惺不妄由來即性情笑却慇懃諸老子翻從知見覓虛靈

道本無爲只在人自行自住豈須鄰坐中便是天台路不用漁郎更問津

宿淨寺

百戰歸來一病身可堪時事更愁人道人莫問行

藏計已買桃花洞裏春

澹然子四號

兩端妙闔闢五運無留停藐然覆載內眞精謂斯凝雜犬一馳放散失隨飄零惺惺日收斂致曲乃明誠

又

明誠為無忝無忝斯全歸深淵春水薄千鈞一絲微膚髮尚如此天命焉可違參乎吾與爾免矣幸無虧

又

人物各有稟理同氣乃殊曰殊非有二一本分澄淤志氣塞天地萬物皆吾軀炯炯傾陽性葵也吾友于

又

孰葵孰爲予友之尚爲二大化豈容心繫我亦何意悠哉澹然予乘化自來去澹然匪冥然勿忘還勿助

楊遂庵待隱園次韻

嘉園名待隱專待主人歸此日真歸隱名園竟不

遶巘花如共語山石故相依朝市都忘却無勞更
掩扉
大隱真塵市名園陋給孤留候先謝病苑老竟歸
湖種竹非醫俗移山不是愚（是日公方移山石）對時成爕
理經濟自成謨
綠野春深地山陰夜靜時氷霜緣逕滑雲石向人
危手難心仍在扶顛力未衰江湖兵甲滿吟罷有
餘思
茲園聞已久今度始來窺市裏烟霞靜壺中結構

奇勝遊湏繼日虛席亦多時莫道東山僻蒼生或未知

芳園待公隱屯世待公亨花竹深臺榭風塵暗甲兵一身良得計河海未忘情語及艱難際停盃淚欲傾

除夕伍汝真用待隱園韻即席次荅

一年今又去獨客尚無歸人世傷多難親庭嘆久違壯心都欲盡衰病特相依旅館聊隨俗桃符換早扉

尚憶青年日追歡興不孤風塵淹歲月漂泊向江
湖濟世渾無術違時竟咲愚未須悲蹇難
列聖有遺謨
正逢兵亂地況是歲窮時天運終無息人心本自
危憂疑紛并集筋力頓成衰千載商山隱悠然獲
我思
世道從危漏人情只管窺年華多涉歷變故亟新
奇莫憚顛危地曾逢全盛時海翁機已息應是白
鷗知

星窮四曆紀貞極起元亨日望天迴駕先沾雨洗兵雪猶殘歲戀風已舊春晴莫更辭藍尾人生未幾傾

觀九華龍潭

飛流三百丈傾洞秘靈湫峽坼開雷斧天虚下月鈎化形時試鉢吐氣或成樓吾欲鞭龍起為霖遍九州

夜宿無相寺

春宵卧無相月照五溪花掬水洗雙眼披雲看九

華巖頭金物國樹杪謫仙家彷彿聞笙鶴青天落
絳霞

登雲峰望始盡九華之勝

爾家雙峰下不見雙峰景如錐處囊中深藏未脫
穎盛德心愈平幽人迹多屏悠然望雙峰可以發
深省

歸途有僧自望華亭來迎且請詩

方自華峰下何勞更望華山僧援故事要我到渠
家自謂遊巳至那知望轉佳正如酣醉後醒酒卻

須茶

貴州都司經歷趙昌齡

耀州知州門人陳文學

鎮安縣知縣門人葉梧校刊

新刊陽明先生文録續編卷之二終

新刊陽明先生文録續編總目

卷之二

詩類

五言律詩

無相寺金沙泉次韻

將遊九華移舟宿寺山

大秀宫次一峯韻

書扇示正憲

西安雨中諸生出候因寄德洪汝中并示

龍潭夜坐

送德觀歸省二首

送蔡希顏

寄浮峯詩社

棲雲樓坐雪二首

送徽州洪侹承瑞

病中大司馬喬公有詩見懷次韻奉荅二首

送諸伯生歸省

寄張東所次前韻
别余縉子紳
送劉伯光
冬冬夜偶書
寄潘南山
送胡廷尉
與郭子全
書悟真篇答張太常二首
丁丑二月征漳寇進兵長汀道中有感

留陳惟濬
棲禪寺雨中與惟乾同登
陽明别洞三首
再至陽明別洞和刑太守韻二首
夜坐偶懷故山
懷歸二首
送德聲叔父歸姚
囬軍九連山
登閲江樓

岩下桃花盛開携酒獨酌

豐城阻風

芙蓉閣

重遊無相次舊韻

勸酒

重遊化城寺二首

遊九華

岩頭閒坐謾成

將遊九華移舟宿寺山

次譙之韻

再遊浮峯次韻

夜宿浮峯次譙之韻

再遊延壽寺次舊韻

碧霞池夜坐

秋聲

林汝桓以二詩寄次韻為别二首

月夜二首

秋夜

武夷次壁間韻
試諸生有作
再試諸生
夏日登易氏萬卷樓用唐韻
再試諸生用唐韻
次韻陸文順僉憲
太子橋
與胡少參小集
再用前韻賦鸚鵡

送客過二橋

復用杜韻一首

先日與諸友有郊園之約是日因送客復

期小詩寫懷三首

待諸友不至

龍岡謾書

夏日遊陽明小洞天喜諸生偕集偶用唐韻

将歸與諸生别於城南蔡氏樓

諸門人送至龍里道中二首

五言古詩

守文弟歸省携其手歌以别之
游牛首山
又次李僉事素韻
月夜
白鹿洞獨對亭
登雲峰二三子詠歌以從欣然成謡
歸懷
與二三子登秦望
山中立秋日偶書

七言古詩

示憲兒

新刊陽明先生文録續編卷之三

無相寺金沙泉次韻

黄金不布地傾汁滿流泉潭淨長開鏡池分或鑄蓮興雲爲大雨濟世作豐年縱有貪夫過清風自洒然

將遊九華移舟宿寺山

逢山未愜意落日更移船峽寺緣溪逕雲林帶石泉鐘聲先度嶺月色已浮川今夜巖房宿寒燈不待懸

大秀宮次一峯韻

茲山堪遁迹上應少微星洞裏乾坤别壺中日月明道心空自警塵夢苦難醒方嶠由來此虛無隔九溟

書扇示正憲

汝自冬冬春來頗解學文義吾心豈不喜顧此枝葉事如樹不植根暫榮終必瘁植根可如何願汝且立志

西安雨中諸生出候因寄德洪汝中并示書

院諸生

幾度西安道、江聲暮雨時機關鷗鳥破蹤迹水雲疑仗鉞非吾事、傳經愧爾師、天真泉石秀新有鹿門期

德洪汝中方卜書院盛稱天真之奇并寄及之

不踏天真路、依稀二十年石門深竹逕。蒼峽瀉雲泉。泮壁環胥海龜疇見宋田文明原有象卜築豈無緣

雜詩

我愛龍泉寺寺僧頗疎野盡日坐井欄有時臥松下一夕別山雲三年走車馬媿殺巖下泉朝夕自清瀉

久別龍山雲時夢龍山雨覺來枕簟凉諸弟在何許終年走風塵何似山中住百歲如轉蓬拂衣從此去

老舅近何如心性老不改世故惱情懷先陰不相待借問同輩中鄉隣幾人在從今且為樂清事無

勞悔

五洩佳山水平生思一遊送子東歸省尊鱸況復秋幽探湏及壯世事苦悠悠來歲春風裏長安憶故丘

又

予有西湖惡西湖亦惡予三年成闊別近事竟何如況有諸賢在他時終卜廬但恐吾歸日君還軒冕拘

陽伯即伯陽伯陽竟安在大道即人心萬古未嘗

改長生在求仁金丹非外待謬矣三十年于今吾
始悔
鑑水終年碧。雲山盡日閑故山不可到幽夢每相
關霧豹言長隱。雲龍欲共攀。緣知丹壑意未勝紫
宸班
長見人來說扁舟每獨遊春風梅市晚月色鑑湖
秋空有烟霞好猶爲塵世留自今當勇往先與報
江鷗

送人致仕

人生貴適意，何事久天涯。栗里堪栽柳，青門好種瓜。賓鴻辭網罟，塵土換烟霞。有子真騏驥，歸歟莫怨嗟。

寄隱巖

每逢山水地，便有卜居心。終歲風塵裡，何年滄海潯。洞寒泉滴細，花瞑石旁深。青壁須留姓，他時好共尋。

香山次韻

尋山到山寺，得意却忘山。巖樹坐來靜，壁蘿春自

閑樓臺星斗上鐘磬翠微間頓息塵寰念清溪踏月還

林間睡起

林間盡日掃花眠祇是官閒媿俸錢門徑不妨春草合齋居長對晩山妍每疑方朔非真隱始信揚雄誤太玄混世亦能隨地得野情終是愛丘園

贈熊彰歸

門逕荒凉蔓草生相求深媿遠來情千年絶學蒙塵土何處澄江無月明坐看遠山疑暮色忽驚

葉起秋聲歸途望嶽多幽興爲問山田待耦耕

送守中至龍盤山中

春盡師生六日情天教風雪阻西行茅堂豈有春風坐江郭虛留一月程客邸琴書燈火靜故園風竹夢魂清何年穩閉陽明洞榾柮山爐煮石羹

龍蟠山中用韻

無奈青山處處情村沽日日辦山行真慚廩食虛官守只把山遊作課程谷口亂雲隨騎遠林間飛雪點衣輕長思淡泊還真性世味年來久絮羹

瑯邪山中

草堂寄放瑯琊間溪鹿巖僧且共閑氷雪能回草木死春風不化山石頑六經散地莫收拾叢棘被道誰刋刪已矣驅馳二三子鳳圖不出吾將還

遊瑯琊用韻

狂歌莫笑酒盃增異境人間得未曾絶壁倒翻銀海浪遠山真作玉龍騰浮雲野思春前動虛室清香靜後凝懶拙惟餘林壑計伐檀長自媿無能

風景山中雪後增看山雪後亦誰曾隔溪巖犬迎

人吹飲澗飛猱掉樹騰歸騎林間燈火動鳴鐘谷
口暮光發塵踪正自縚籠在一宿雲房尚未能

答朱汝德用韻

東去蓬瀛合有津若爲風雨動經旬同來海岸登
舟者俱是塵寰欲渡人弱水洪濤非世險長年三
老定誰真青鸞耿耿無消息悵望烟花又暮春

送惟乾

獨見長年思避地相從千里欲移家慚予豈有萬
間庇借爾剛餘一席沙古洞幽期攀桂樹春溪歸

路問桃花故人勞念還相慰回鴈新秋寄綵霞
簦笈連年愧遠求本來無物若爲酬春城驛路聊
相送夜雪空山且復留江浦雲開廬嶽曙洞庭湖
闊九疑浮懸知再鼓瀟湘柁應是芙蓉湘水秋

别希顏

中歲幽期亦幾人是誰長負故山春道情暗與物
情化世味爭如酒味醇耶水雲門空舊隱青鞋布
襪定何晨童心如故容顏改慚愧年年草木新
後會難期别未輕莫辭行李滯江城且留南國春

山興共聽西堂夜雨聲歸路終知雲外去晴湖想
見鏡中行爲尋洞裏幽棲處還有峰頭雙鶴鳴

山中示諸生

路絶春山久廢尋野人扶病强登臨同遊仙侶須
乘興共採花源莫厭深鳴鳥遊絲俱自得閒雲流
水亦何心從前却恨牽文句展轉支離嘆陸沉

龍潭夜坐

何處花香入夜清石林茅屋隔溪聲幽人月出每
孤往棲鳥山空時一鳴草露不辭芒屨濕松風偏

與葛衣輕臨流欲寫猗蘭意江北江南無限情

送德觀歸省

雪裏閉門十日坐開門一笑忽青天茅簷正好負暄日客子胡爲思故園椿樹慣經霜雪老梅花偏向歲寒妍瑯琊春色如相憶好放山陰月下船瑯琊雪是故園雪故園春亦瑯琊春天機動處即生意世事到頭還俗塵立雪浴沂傳故事吟風弄月是何人到家好謝二三子莫向長沮錯問津

送蔡希顔

何事憧憧南北行望雲依闕兩關情風塵暫息滁
陽駕鷗鷺還尋鑑水盟悟後六經無一字靜餘孤
月湛虛明從知歸路多相憶伐木山山春鳥鳴

寄浮峰詩社

晚涼庭院坐新秋徹月初生亦滿樓千里故人誰
命駕百年多病有孤舟風霜草木驚時態砧杵關
河動遠愁飲水曲肱吾自樂茆堂今在越溪頭

樓雲樓坐雪

繞看庭樹玉森森忽漫階除已許深但得諸生通

夕坐不妨老子半酣吟瓊花入坐能欺酒氷溜垂
簷欲墮針却憶征南諸士子未禁寒夜鐵衣沉
此夕棲雲樓上雪不知天意爲誰深忽然夜半一
言覺又動人間萬古吟玉樹有花難結果天機無
線可通針曉來不覺城頭鼓老懶羲皇睡正沉

送徽州洪侁承瑞

平生舉業最踈慵挾冊虛煩五月從竹院檢方時
論藥茆堂放鶴或開籠憂時漫有孫忠在好古全
無一藝工念我還能來夜雪逢人休說坐春風

病中大司馬喬公有詩見懷次韻奉答

十日無緣拜後塵病夫心地欲生榛詩篇極見憐才意伎倆慚非可用人黄閣望公長秉軸滄江容我老垂綸保釐珍重回天手會看春風萬木新

一自多岐分路塵堂堂正道遂生榛聊將膚淺窺前聖敢謂心傳啓後人淮海帝圖須節制雲雷大造看經綸枉勞詩句裁風雅欲借盤銘獻日新

送諸伯生歸省

天涯送爾獨傷神歲月龍山夢裡春爲謝江南諸

故舊起居東嶽大夫人閑中書卷堪時展靜裡工夫要自新能向塵途薄軒冕不妨簑笠老江濱

寄馮雪湖

竿竹誰隱扶桑東白眉之叟今龐公隔湖聞雞謝墅棲渡海有鶴蓬山通鹵田經歲苦秋雨浪痕半壁驚湖風歌聲屋底似金石點也此意當能同海岸西頭湖水東他年簑笠擬從公釣沙碧海群鷗借樵徑青雲一鳥通席有春陽堪立雪門無五柳好吟風于今猶是天涯夢悵望青霄月色同

諸用文歸用子美韻爲别

一别烟雲歲月深天涯相見二毛侵孤帆江上親朋意樽酒燈前故國心冷雪晴林還作雨鳥聲幽谷自成吟飲餘莫上峰頭望烟樹迷茫思不禁

題王實夫畫

隨處山泉着草廬底須松竹掩柴扉天涯遊子何曾出畫裡孤帆未是歸小酉諸峰開夕照虎溪春寺入烟霏他年還向辰陽望却憶題詩在翠微

贈潘給事

五月滄浪濯足歸正堪荷葉製初衣甲非乙是君休問酉水辰山志未違沙鳥不須疑雀舫江雲先爲掃魚磯武陵溪壑猶深僻莫更移家入翠微

登蟂磯次莫泉心劉石門韻

中流片石倚孤雄下有馮夷百尺宮灩澦西蟠渾失地長江東去正無窮徒聞吳女埋香玉惟見沙鷗亂雪風往事凄微何足問求安宮闕草萊中

江上孤臣一片心幾經漂没水痕深極怜撐住即從古正恐崩頹或自今蘚蝕秋螺磯老翠梟鳴春

雨落空音好携雙鶴磯頭坐明月中宵一朗吟

與沅陵郭掌教

記得春眠寺閣雲松林水鶴日爲群諸生問業衝星入稚子枯香靜夜焚世事暗隨江草換道情曾許碧山聞別來點瑟還誰鼓悵望烟花此送君

別族太叔克彰

情深宗族誼同方消息那堪別後荒江上相逢疑未定天涯獨去意重傷身閑最覺湖山靜家近殊聞草木香雲路莫嗟遲發軔世途崎曲盡羊腸

登憑虚閣和石少宰韻

山閣新春負一登酒邊孤興晚堪乘松間鳴瑟驚棲鶴竹裏茶烟起定僧望遠每來成久坐傷時有涕恨無能峰頭見説連閶闔兇欲排雲尚未曾

獅子山

殘暑湏還一雨清高峰極目快新晴海門潮落江聲急吴苑秋深樹脚明烽火正防胡騎入羽書愁見朔雲横百年未有涓埃報白髪今朝又幾莖

寄張東所次前韻

遠趨君命忽中違此意年來識者稀黃綺曾爲炎祚出子陵終向富春歸江船一話千年閒壓夢今驚四十非何日孤帆過天目海門春浪掃魚磯

別余縉子紳

不須買棹往來頻我亦携家向海濱但得青山隨鹿豕未論黃閣畫麒麟衰心疾已千年痼起死方存六籍眞歸向蘭溪溪上問桃花春水正迷津

送劉伯光

五月茅茨靜竹扉論心方洽忽辭歸倉江獨棹衝

新暑白髮高堂戀夕暉謾道六經皆註脚還誰一語悟真機相知若問年來意已傍西湖買釣磯

冬夜偶書

百事支離力不禁一官棲息病相尋星辰魏闕江湖迥松竹茅茨歲月深欲倚黄精消白髮由來空谷有餘音曲肱已醒浮雲夢荷蕢休疑擊磬心

寄潘南山

秋風吹散錦溪雲一笑南山雨後新詩妙盡從言外得易微誰見畫前真登山脚徤何妨老留客情

深不計貧朱呂月林傳故事他年還許卜西隣

送胡廷尉

鍾陵雪後市燈殘簫鼓江船發曉寒山水總憐南國好才猷須濟朔方艱綵衣得侍仙舟遠春色行應故里看別去中宵瞻北極五雲飛處是長安

與郭子全

相别翻憐相見時碧桃開盡桂花枝光陰如許成虛擲世故催人總不知雲路不須朱綬去歸帆且得綵衣隨崖山風景濂溪近此去還應自得師

書悟真篇答張太常

悟真篇是誤真篇三註由來一手箋恨殺妖魔圖利益遂令迷妄競流傳造端難免張平叔首禍誰誣薛紫賢直說與君惟箇字從頭去看野狐禪

悟真篇是誤真篇平叔當時已有言只為世人多戀着且從情欲起因緣痴人前豈堪談夢真性中難更說玄為問道人還具眼試看何物是青天

丁丑二月征漳寇進兵長汀道中有感

將略平生非所長也提戎馬入汀漳數峰晴日旌

旗遠一道春風鼓角揚莫倚二師能出塞極知充國善平羌瘡痍到處曾無補翻憶鍾山舊草堂

回軍上杭

山城經月駐旌戈亦復幽尋到薜蘿南國已忻回甲馬東田初喜出農蓑溪雲曉度千峰雨江漲新生兩岸波暮倚七星瞻北極絶憐蒼翠晚來多

喜雨

即看一雨洗兵戈便覺光風轉石蘿順水飛檣來賈泊絶江喧浪舞漁蓑片雲東望悵梁國五月南

征想伏波長擬歸耕猶未得雲門初伴漸無多
轅門春盡猶多事竹院空閑未得過特放小舟乘
急浪始聞幽碧出層蘿山田旱久無逢雨野老歡
騰且縱歌莫謂可塘終據嶮地形原不勝人和
吹角峰頭曉散軍橫空萬騎下氤氳前旌已帶洪
兵雨飛鳥猶驚捲陣雲南畝漸忻農事動東山休
共凱歌聞正思鋒鏑堪揮淚一戰功成未足云
聞曰仁買田霅上携同志待予歸
見說相携霅上耕連簑應已出烏程荒畬初墾功

須倍秋熟雖微稅亦輕雨後湖船兼學釣餉餘還樹合閒行山人久有歸農興猶向千峰夜度兵月色高林坐夜沉此時何限故園心山中古洞陰蘿合江上孤舟春水深百戰自知非舊學三驅猶愧失前禽歸期久負雲門伴獨向幽溪雪後尋

祈雨

旬初一雨遍汀漳將謂汀虔是接疆天意豈知分彼此人情端合有炎涼月符令已虛纏暈斗杓何曾解挽漿夜起中庭成久立正思民瘼欲沾裳

見說虔南惟苦雨深山毒霧長陰陰我來偏遇一
春旱誰解挽回三日霖寇盜郴陽方出掠干戈塞
北還相尋憂民無計淚空墮謝病幾時歸海潯

借山亭

借山亭子近如何乘興時從夢裏過尚想清池環
醉影猶疑花徑駐鳴珂踈簾細雨燈前局碧樹涼
風月下歌傳語諸公合頻賞休令歲月亦蹉跎

補岡和邢太守韻

處處山田盡入畬可憐黎庶半無家興師正為民

瘴甚陟險寧辭鳥道賒勝勢真如瓴水建先聲不礙嶺雲遮窮巢容有遭驅脇尚恐兵鋒或溢加

戢亂興師既有名揮戈真已見風行豈云薄劣能驅策實仗

皇威自震驚爛額尚慚為上客徙薪尤覺費經營

主恩未報身多病旋凱須還隴上耕

遊通天巖次鄒謙之韻

天風吹我上丹梯始信青霄亦可躋俯視氛寰成獨慨卻憐人世尚多迷東南真境埋名久閩楚諸

峰入望低莫道仙家全脫俗三更日出亦聞雞

又次陳惟濬韻

四山落木正秋聲獨上高峰望眼明樹色遥連閩嶠碧江流不盡楚天清雲中想見雙龍轉風外時傳一笛橫莫遣新愁添白髮且呼明月醉深觥

坐忘言岩閒二三子

幾日岩栖事若何莫將佳景復虛過未妨雲壑淹留冬終是塵寰錯誤多澗道霜風疎草木洞門煙月掛藤蘿不知相繼來遊者還有吾儕此意麽

留陳惟濟

聞説東歸欲問舟，清遊方此復離憂。却看陰雨梱淹滯，莫道山靈獨苦留。薜荔岩高兼得月，桂花香滿正宜秋。烟霞到手休輕擲，塵土驅人易白頭。

栖禪寺雨中與惟乾同登

絶頂深泥冒雨扳，天於佳景亦多慳。自憐久客頻移棹，頗羨高僧獨閉關。江草遠連雲夢澤，楚雲長斷九嶷山。年來出處渾無定，慚愧沙鷗盡

日間

回軍龍南小憩玉石巖雙洞絶奇徘徊不忍去因寓以陽明别洞之號兼留此作

甲馬新從鳥道回覽奇還更陟崔嵬寇平漸喜流移復春煖兼欣農務開雨霽高明行日月九天深黑閉風雷投簪最好支茅地戀土猶懷舊釣臺

洞府人寰此最佳當年空自費青鞵麾幢旖旎懸仙仗臺殿高低接緯階天巧固應非斧鑿化

工無乃太安排欲將點瑟携童冠就攬春雲結小齋

陽明山人舊有屋此地陽明景不如但在乾坤俱逆旅曾留信宿即吾廬行窩已許人先號別洞何妨我借書他日巾車還舊隱應懷茲土復鄉閭

再至陽明別洞和邢太守韻

春山隨處款歸程古洞幽虛道定生澗壑風泉時遠近石門蘿月自分明林僧住久炊遺火野

老忘機罷席爭習靜未緣成久坐却慚塵土逐虛名
山水平生是課程一淹塵土遂心生耦耕亦欲隨沮溺七縱何緣得孔明吾道羊腸須蠖屈浮名蝸角任龍爭好山當面馳車過莫漫尋山說避名

夜坐偶懷故山

獨夜殘燈夢未成蕭蕭牕外故園聲草深石徑鼪鼯笑雪靜空山猿鶴驚漫有緘書懷舊侶常

牽纓冕負初情雲溪漠漠春風轉紫菌黃花又自生

懷歸

深慚經濟學封侯都付浮雲自去留往事每因心有得身閒方喜世無求狼烟幸息昆陽患蠡測空懷杞國憂一咲海天空闊外從知吾道在滄洲

身經多難早知非此事年來識者稀老大有情成腐德細謀無計解重圍意常不足直爽道情

到方濃是險機悵望衡茆無事日漫吹松火織
秋衣

送德聲叔父歸姚

某與德聲叔父共學於家君龍山先生叔
父屢困塲屋一旦以親老辭廩歸養交遊
强之出輒咲曰古人一日養不以三公易
吾豈以一老母博一弊儒冠乎若叔父真
知內外輕重之分矣今年夏來顛視某留
三月飄然歸與不可挽因爲某曰秋

鑪知子之與無日不切然時事若此恐即未能脫吾不能俟子之歸舟吾先歸爲子闢荒陽明之麓知何嗚呼若叔父可謂眞知内外輕重之分矣某方以詩戒叔父曰吾行子可無言輒爲賦此

猶記垂髫共學年于今鬢髮兩蒼然窮通只好浮雲看歲月眞同逝水懸歸鳥長空隨所適秋江落木正無邊何時却返陽明洞蘿月松風掃石眠

回軍九連山

百里妖氛一戰清萬峰雷雨洗回兵未能干羽苗頑格深媿壺漿父老迎莫倚謀攻爲上策還須内治是先聲功微不願封侯賞但乞蠲租絶横征

登閲江樓

絶頂樓荒舊有名高皇曾此駐龍旌險存道德虚天塹守在蠻夷豈石城山色古今餘王氣江流天地變秋聲登

臨授簡誰能賦千古新亭一愴情

鄱陽戰捷

甲馬秋驚鼓角風旌旗曉拂陣雲紅勤王敢在汾淮後戀闕真隨江漢東群醜莫教同吠犬九重端合是飛龍涓埃未遂酬滄海病懶先須伴赤松

書草萍驛

九月獻俘北上駐草萍時已暮忽傳王師已及徐淮遂乘夜速發次壁間韻紀之

一戰功成未足奇親征消息尚堪危邊峰西北方
傳警民力東南已盡疲萬里秋風嘶甲馬千山斜
日度旌旗小臣何爾驅馳急欲請回鑾罷六師

又

千里風塵一劍當萬山秋色送歸航堂堂雙白塵
頻疏門已三過有底忙羽檄西來秋黯黯闈河北
望夜蒼蒼自嗟力盡螳螂臂此日回天在廟堂

西湖

靈鷲高林暑氣清竺天石壁雨痕晴客來湖上逢

雲起僧住峯頭話月明世路久知難直道此身那得尚虛名移家早定孤山計種菓支茅却易成

寄江西諸士夫

甲馬驅馳已四年秋風歸路更茫然齗無國手醫民病空有官銜靡俸錢湖海風塵雖暫息江鄉水旱尚相沿題詩忽憶并州句回首江西亦故園

宿淨寺 十月至杭王師遣人迎寧濠復還江西是日遂謝病退居西湖

老屋深松覆古藤羈棲猶記昔年曾棋聲竹裏消閒晝藥裹牕前對病僧烟艇避人長曉出高峯望

遠亦時登而今更是多牽繫欲似當時又不能

又

常苦人間不盡愁每拚須是入山休若爲此夜山中宿猶自中宵煎百憂百戰西江方底定六飛南甸尚淹留何人真有回天力諸老能無取日謀

歸興

一絲無補聖明朝兩鬢徒看長二毛自識淮陰非國士由來康節是人豪時方多難容安枕事已無能欲善刀

越水東頭尋舊隱白雲茅屋數峯高

即事謾述

從來野性只山林翠壁丹梯處處尋一自浮名縈
世網遂令眞訣負初心夜馳險寇天峯雪秋虜強
正漢水陰辛苦半生成底事始憐莊舄亦哀吟
百戰深秋始罷兵六師冬盡尚南征誠微亦足回
天意性僻還多拂世情煙水滄江從鶴好風雲溟
海任龍爭他年若訪陶元亮五柳新居在赤城
窅窅深愁伴客居江船風雨夜 燈虛尚勞

車駕臣多缺無補瘡痍術已疎親老豈堪還遠別時危那得久無書明朝且就君平卜要使吾心不負初

茅茨檜菊別多年底是寒江尚客船強所不能儒作將付之無奈數由天徒聞諸葛能興漢未必田单解誤燕最羨漁翁閒事業一竿明月一蓑煙

泊金山寺二首 十月將趨行在

但過金山便一登鳴鍾出迓每勞僧雲濤石壁深蹬窗風雨樓臺逈佛燈難後詩懷全欲減酒邊孤

興尚堪憑巖梯未用妨苔滑曾踏天峯雪棧氷
醉入江風酒易醒片帆西去雨冥冥天迴江漢留
孤柱地缺東南着此亭沙渚亂更人新世態峯巒不
改舊時青舟人指點龍王廟欲話前朝不忍聽

舟夜

隨處看山一葉舟夜深霜月亦無愁鼙鼓此際遊
何地畫角中宵起戍樓甲馬尚屯淮海北旌旗初
散楚江頭洪濤衮衮乘風勢容易開帆不易收

舟中至日

歲寒休嘆滯江濱漸喜陽回大地春未有一絲添
袞繡謾提三尺淨風塵丹心倍覺年來苦白髮從
教鏡裏新若待完名始歸隱桃花笑殺武陵人

阻風

冬、江盡說風長北徧我北來風便南未必天公真
有意却逢人事偶相叅殘農得煖堪登穫破屋多
寒且曝簷果使困窮能稍濟不妨經月阻江潭

用韻答伍汝真

莫怪鄉愁日夜深干戈衰病兩相侵孤腸自信終

知鐵泉口從教盡鑠金碧水丹山曾舊約青天白日是知心茅茨歲晚饒風景雲滿清溪雪滿岑

過鞋山戲題

曾駕雙鳧渡海東青鞋失脚墮天風經過已是千年後蹤跡依然一夢中屈子慢勞傷世隘楊朱空自泣途窮正須坐我匡廬頂濯足寒濤步曉空

望廬山

盡說廬山若箇奇當時圖畫亦堪疑九江風浪非前日五老烟雲豈定期眼慣不妨層壁險足跰須

着短笻隨香爐瀑布微如綫欲決天河瀉上池

元日霧

元日昏昏霧塞空出門咫尺誤西東人多失足投坑塹我亦停車泣路窮欲斬蚩尤開白日還排閶闔拜重瞳小臣漫有澄清志安得扶摇萬里風

二日雨

昨朝陰霧埋元日向曉寒雲迸雨聲莫道人爲無感召從來天意亦分明安危他日須周勃痛哭當年哭賈生坐對殘燈愁徹夜静聽晨鼓報新晴

三日風

一霧二雨三日風，田家卜歲疑凶豐。我心惟願兵甲解，天意豈必斯民窮。虎旅歸思懷舊土，鑾輿消息望還宮。春盤濁酒聊自慰，無使戚戚干吾衷。

立春

才見春歸春又來，春風如舊鬢毛衰。梅花未放天機泄，萱草先將地脈回。漸老光陰逢世難，經年懷抱欲誰開。孤雲渺渺親庭遠，長自斑衣羡老萊。

天涯霜雪嘆春遲春到天涯思轉悲破屋多時空
杼軸東風無力起瘡痍周王車駕窮南服漢將旌
旗守北陲莫訝春盤斷生菜人間菜色正離仳

遊廬山開元寺

僻性尋常慣受猜看山又是百忙來北風留客非
無意南寺逢僧即未回白日高峯開雨雪青天飛
瀑瀉雲雷緣溪踏得支笻地脩竹長松覆石臺

又次壁間杜牧韻

春山路僻問歸樵爲指前峯石逕遥僧與白雲還

暝壑月隨滄海上寒潮世情老去渾無賴遊興年來獨未消回首孫航又陳迹蹤鐘隔渚夜迢迢

山僧

岩下蕭然老病僧曾求佛法禮南能論詩自許寬三昧入聖無梯出小乘高閣松風飄夜磬石床花雨落寒燈更深月出山窗曙漱齒焚香誦法楞

江上望九華山

當年一上化城峯十日高眠雷雨中霽色曉開千嶂雪濤聲夜渡九江風此時隔水看圖畫幾歲緣

雲住桂叢却負洞仙蓬海約王喬丹訣在崆峒窮探雖得盡幽奇山勢須從遠望知幾朶芙蓉開碧落九天屏障列旌麾高同華嶽應無忝名亞匡廬却稍卑信是謫仙還具眼九華題後竟難移

書九江行臺壁

九華眞實是奇觀更是廬山亦耐看幽勝未窮三日興風塵已覺再來難眼餘五老晴光碧衣染天池積翠寒却怪寺僧能好事直來城市索詩刊

示諸生

一儞身各各自天真不用求人更問人但致良知成德業謾從故紙費精神乾坤是易原非畫心性何形得有塵莫道先生學禪語此言端的爲君陳

人人有路透長安坦坦平平一直看盡道聖賢須有秘翻嫌易簡却求難只從孝弟爲堯舜莫把辭章學柳韓不信自心原具足請君隨事反身觀

長安有路極分明何事幽人曠不行遂使蓁茅成間塞儘教麋鹿自縱横徒聞絶境勞懸想指與迷途却浪驚冒險甘投蛇虺窟顛崖墮壑竟亡生

繁昌道中阻風

阻風夜泊柳邊亭懶夢還鄉午未醒卧穩從教波浪惡地深長是水雲冥入林沽酒村童引隔水放歌漁父聽頗覺看山緣獨在蓬牕剛對一峰青

東風漠漠水澐澐花柳沿村春事殷泊久漁樵寒作市心閒麋鹿漸同群自憐失腳趨塵土長恐歸期負海雲正憶山中詩酒伴石門延望幾斜曛

江邊阻風散步至靈山寺

歸船不遇打頭風行腳何緣到此中幽谷餘寒春

雪在虛簷斜日暮江空林間古塔無僧住花外仙源有路通隨處看山隨處樂莫將踪跡嘆萍蓬

泊舟大同山溪間諸生聞之有挾冊來尋者

扁舟經月住林隈謝得黃鶯日日來無有清泉堪洗耳更多脩竹好啣盃諸生涉水携詩卷童子和雲歸石荅獨參華峰隔煙霧時勞策杖上崔嵬

巖下桃花盛開携酒獨酌

小小山園幾樹桃安排春色候停橈開樽旋掃花陰雪展席平臨松頂濤地遠不須防俗駕溪晴還

好着漁舠雲間石路稀人跡深處容無避世豪

豐城阻風 前歲遇難於此得北風幸免

北風休嘆北船窮此地曾經拜北風句踐敢忘嘗膽地齊威長憶射鈎功橋邊黄石機先授海上陶朱意頗同况是倚門衰白甚歲寒茅屋萬山中

芙蓉閣

九華之山何崔嵬芙蓉直傍青天栽剛風倒海吹不動大雪裂地凍還開夜半峰頭掛明月宛如玉女臨粧臺我拂滄浪寫圖畫題詩還媿謫仙才

重遊無相次舊韻

舊識仙源路未差，也從谷口問桃花。屢攀絶棧經殘雪，幾度清溪踏月華。虎穴相隣多異境，鳥飛不到有僧家。頻來休下仙翁榻，只借峰頭一片霞。

勸酒

平生忠赤有天知，便欲欺人肯自欺。毛髮暗從愁裏改，世情明向笑中危。春風脉脉回枯草，殘雪依依戀舊枝。謾對芳樽辭酩酊，機關識破已多時。

重遊化城寺

愛山日日望山晴忽到山中眼自明鳥道漸非前
度險龍潭更比舊時清會心人遠空遺洞識面僧
來不記名莫謂巾丞喜忘世前途風浪苦難行
山寺重來十九秋舊僧零落老比丘簷松盡長青
冥榦瀑水猶懸翠壁流人住層崖嫌洞淺鳥鳴春
磵覺山幽年來別有閑尋意不似當時孟浪遊

遊九華

九華原亦是移文錯恠山頭日日雲乘興未甘回
俗駕初心終不負靈君紫芝香煖春堪茹青竹泉

高晩更分幽𡨴色無塵土累清猿正好月中聞

巉頭閒坐謾成

盡日巉頭坐落花不知何處是吾家靜聽谷鳥遷喬木閒看林蜂散午衙翠壁泉聲穿亂石碧潭雲影透晴沙痴兒公事真難了須信吾生自有涯

將遊九華移舟宿寺山

維舟谷口傍煙霏共說前岡石徑微竹杖穿雲尋寺去藤筐採藥帶花歸諸生晩佩芳聯社野老春霞綴衲衣風詠不須沂水上碧山明月更清輝

登雲峰二三子詠歌以從欣然成謡

深林之鳥何間關我本無心雲自閒大舜亦與木石處醉翁惟在山水間晴窻展卷有會意絶壁題詩無厚顔顧謂從行二三子隨遊麋鹿俱忘還

有僧坐巖中已三年詩以勵吾黨

莫怪巖僧木石居吾儕真切幾人如經營日夜身心外剽竊糠粃齒頰餘俗學未堪欺老衲昔賢取善及陶漁年來奔走成何事此日斯人亦起予

春日遊齊山寺用杜牧之韻二首

即看花發又花飛空向花前嘆式微自笑半生行脚過何人未老乞身歸江頭鼓角翻春浪雲外旌旗閃落暉羨殺山中麋鹿伴千金難買芰荷衣

倦鳥投枝已亂飛林間暝色漸霏微春山日暮成孤坐遊子天涯正憶歸古洞濕雲含宿雨碧溪明月弄清暉桃花不管人間事只笑山人未拂衣

遊落星寺

女媧煉石補天漏璇璣晝夜無停走自從墮却玉衡星至今七政迷前後渾儀晝夜徒揣摸敬授人

時亦何有玉衡墮却此湖中眼前誰是補天手

立春

荒村亂後耕牛絶城郭春來見土牛家業苟存鄉井戀風塵先幸甲兵休未能布德慚時令聊復題詩寫我憂爲報胡雛須遠塞暫時邊將駐南州

遊廬山開元寺

清晨入谷到斜曛徧歷青霞躡紫雲閶闔遠從雙劍闕銀河真自九天分驅馳此日原非暇夢想當年亦自勤斷擲罷官來駐此不教林鶴更移文

月下吟三首

露冷天清月更輝可堪遊子倍沾衣催人歲月心
空在滿眼兵戈事漸非方朔本無金馬意班超惟
願玉門歸白頭應寄庭前樹怪我還期秋又違
江天月色自清秋不管人間底許愁謾憶翠華旋
北極正憐白髮倚南樓狼烽絶塞寒初入鶴怨空
山夜未休莫重三公輕一日虛名真覺是浮漚
依依牕月夜還來渺渺鄉愁坐未回素位也知非
自得白頭無奈是親衰當年竹下曾來仲何日花

前更老萊衰疏乞骸今幾上中宵翹首望三台

月夜

高臺月色倍新晴極浦浮沙遠樹平客久欲迷鄉國望亂餘愁聽鼓鼙聲湖南水潦頻移粟磧化風煙且罷征濡手未辭援溺苦白頭方切倚閭情

天秀宫次一峰韻

清溪曲曲轉層林始信桃源路未深晚樹煙霏山閣靜古松雷雨石壇陰丹爐遺火飛殘藥仙樂浮空寄絕音莫道山人才一到千年陳迹此重尋

次謙之韻

珍重江船冒暑行一宵心話更分明須從根本求生死莫向支流辯濁清久柰世儒橫臆說競搜物理外人情良知底用安排得此物由來自渾成

再遊浮峰次韻

廿載風塵始一回登高心在力全衰偶懷勝事乘春到況有良朋自遠來還指松蘿尋舊隱提開雲石翦蒿萊後期此別知何地莫厭花前勸酒盃

夜宿浮峰次謙之韻

日日春山不厭尋野情原自懶朝簪幾家茅屋山村靜夾岸桃花溪水深石路草香隨鹿去洞門蘿月聽猿吟禪堂夜久發清磬却笑山僧亦有心

再遊延壽寺次舊韻

歷歷溪山記舊踪寺僧遥住翠微重扁舟曾泛桃花入岐路新多草樹封谷口鳥聲無伐木石門烟火出深松年來百好俱衰薄獨有幽探興尚濃

碧霞池夜坐

一雨秋涼入夜新池邊孤月倍精神潛魚水底傳

心訣棲烏枝頭説道真莫謂天機非嗜欲須知萬物是吾身無端禮樂紛紛議誰與青天掃宿塵

秋聲

秋來萬木發天聲點瑟回琴日夜清絶調逈隨流水遠餘音細入晚雲輕洗心真已空千古傾耳誰能辯九成徒使清風傳律吕人間兎缶正雷鳴

林汝桓以二詩寄次韻爲别

斷雲微日半晴陰何處高梧有鳳鳴星漢浮槎先入夢海天波浪不須驚魯郊已自非常典膰肉寧

爲脱冕行試向滄浪歌一曲未云不是九韶聲
堯舜人人學可齊昔賢斯語豈無稽君今一日真
千里我亦當年苦舊迷萬理由來吾具足六經原
只是階梯山中儘有閑風月何日扁舟更越溪

月夜與諸生歌于天泉橋

萬里中秋月正晴四山雲靄忽然生須臾濁霧隨
風散。依舊青天自月明。肯信良知原不昧。從他外
物豈能攖。老夫今夜狂歌發。化作鈞天滿太清。
處處中秋此月明不知何處亦群英須憐絶學經

千載莫憂男兒過一生影響尚疑朱仲晦支離羞作鄭康成鏗然舍瑟春風裏點也雖狂得我情

秋夜

春園花竹始菲菲又是高秋落木稀天迥樓臺含氣象月明星斗避光輝閒來心地如空水靜後天機見隱微深院寂寥群動息獨憐烏鵲繞枝飛

夜坐

獨坐秋庭月色新乾坤何處更閒人高歌度與清風去幽意自隨流水春千聖本無心外訣六經須

拂鏡中塵却憐擾擾周公夢未及遲遲歷巷貧

登香爐峰次蘿石韻

曾從爐頂躡天風下數天南百二峯勝事縱爲多
病阻幽懷還與故人同旌旗影動星辰北鼓角聲
迴滄海東世故茫茫渾未定且乘溪月放歸篷

山中漫興

清晨忽雨度林扉餘滴烟稍尚濕衣隔水霞明桃
亂吐沿溪風煖藥初肥物情到底能容懶世事從
前頓覺非自擬春光還自領好誰歌詠月中歸

挽潘南山

聖學宮墻亦久荒，如公精力可升堂。若爲千古經綸手，只作終年著述忙。末俗澆漓風益下，平生辛苦意難忘。西風一夜山陽笛，吹盡南岡落木霜。

和董蘿石菜花韻

油菜花開滿地金，鵓鴣聲裏又春深。閭閻正苦飢民色，畝畝常懷老圃心。自有牡丹堪富貴，也從蜂蝶漫追尋。年年開落渾閒事，來賞何人共此襟。

天泉樓夜坐和蘿石韻

莫厭西樓坐夜深幾人今夕此登臨白頭未是形
容老赤子依然混沌心隔水鳴榔聞過棹映總殘
月見疎林看君已得忘言意不是當年只苦吟

別諸生

綿綿聖學已千年兩字良知是口傳欲識渾淪無
斧鑿須從規矩出方圓不離日用常行内直造先
天未畫前握手臨岐更何語慇懃莫媿別離筵

後中秋望月歌

一年兩度中秋節兩度中秋一樣月兩度當筵望

月人幾人猶在幾人別此後望月幾中秋此會中
人知在否當筵莫惜慇懃望我已衰年半白頭

中秋

去年中秋陰復晴今年中秋陰復陰百年好景不
多遇況乃白髮相侵尋吾心自有光明月千古團
圓永無缺山河大地擁清輝賞心何必中秋節

南浦道中

南浦重來夢裏行當年鋒鏑尚心驚旌旗不動山
河影鼓角猶傳草木聲已喜閭閻多復業獨憐饑

饉未寬征迓疎何有甘棠惠慚媿香燈父老迎

重登黄土腦

一上高原感慨重千山落木正無窮前途且與停西日此地曾經拜北風劍氣晚横秋色浄兵聲寒帶暮江雄水南多少流亡屋尚訴征求杼軸空

過宿新城

猶記當年築此城廣猺湖寇正縱横人今樂業皆安堵我亦經過一駐兵香火沿門慚老穉壺漿遠道及從行峯山弩手疲勞甚且放歸休莫送迎

謁伏波廟

此予十五歲時夢中之作今來祠下宛如始窺玆行若有不偶然者因識其事於此

四十年前夢裏詩此行天定豈人爲徂征敢倚風雲陣所過須同時雨師尚喜遠人知向望却慚無術救瘡痍從來勝筭歸廊廟恥說兵戈定四夷

樓船金鼓宿烏蠻魚麗群舟夜上灘月遶旌旗千嶂靜風傳鈴桥九溪寒荒夷未必先聲服神武由

來不殺難想見
虞庭新氣象兩堦干羽五雲端

遊牛峯寺四首 牛峯今改名浮峯

洞門春靄閉深松飛磴纏空轉石峯猛虎踞厓如出神斷螭蟠頂訝懸鍾金城絳闕應無處翠壁丹書尚有踪天下名區皆一到此山殊不厭來重

二

縈紆鳥道入雲松下數湖南百二峯巖犬吠入時出樹山僧迎客自鳴鍾凌飈陟險眞扶病異日探

奇是舊踪欲扣靈關問丹訣春風蘿薜隔重重

三

偶尋春寺入層峯曾到渾疑是夢中飛鳥去邊懸
棧道憑夷宿處有幽宮溪雲晚度千巖雨海月涼
飄萬里風夜擁蒼厓卧丹洞山中亦自有王公

四

一卧禪房隔歲心五峯烟月聽猿吟飛湍映樹懸
蒼玉香粉吹松落細金羣壁年多霜蘚合石牀春
盡雨花深勝遊過眼俱陳迹珎重新題滿竹林

姑蘇吳氏海天樓次鄺尹韻

晴雲吹寒春事濃江樓三月尚殘冬青山暗逐回廊轉碧漢真成捷徑通風暖簷牙雙燕劇雲深簾幙萬花重倚闌天北疑回首想像丹梯下六龍

尋春

十里湖光放小舟謾尋春事及西疇江鷗意到忽飛去野老情深只自留薄暮草香含雨氣九峯晴色散溪流看儕是處皆行樂何必蘭亭說舊遊

西湖醉中謾書

十年塵海勞魂夢此日重來眼倍清好景恨無蘇老筆乞歸徒有賀公情白鳥飛處青林晚翠壁明邊反照晴爛醉湖雲宿湖寺不知山月墮江城

憶別

憶別江干風雪陰艱難歲月兩侵尋重看骨肉情何限況復斯文約舊深賢聖可期先立志塵凡未脫謾言心移家便住烟霞壑綠水青山長對吟

武夷次壁間韻

肩輿飛度萬峯雲回首滄波月下聞海上真爲滄

水使山中又遇武夷君溪流九曲初諳路精舍千年始及門歸去高堂慰垂白細探更擬在春分

試諸生有作

醉後相看眼倍明絶憐詩骨逼人清菁莪見辱真慚我膠漆常存底用盟滄海浮雲悲絶域碧山秋月動新情憂時漫作中宵坐共聽蕭蕭落木聲

再試諸生

草堂深酌坐寒更蠟炬烟消落絳英旅況最憐文作會客心聊喜困還亨春囬馬帳慙桃李花滿田

家僮紫荆世事浮雲堪一笑百年持此竟何成

夏日登易氏萬卷樓用唐韻

高樓六月自生寒沓嶂迴峯擁碧闌久客已忘非故土此身兼喜是閒官幽花傍晚烟初暝深樹新晴雨未乾極目海天家萬里風塵關塞欲歸難

再試諸生用唐韻

天涯猶未隔年回何處嚴光有釣臺樽酒可憐人獨遠封書空有鴈飛來漸驚雪色頭顱改莫漫風情咲口開遥想陽明舊詩石春來應自長莓苔

次韻陸文順僉憲

春王正月十七日薄暮甚雨雷雹風捲我節堂豈足念傷兹歳事難爲功金縢秋日亦已異魯史冬月將無同小臣正憂元氣泄中夜起坐心忡忡

太子橋

乍寒乍煖早春天隨意尋芳到水邊樹裹茆亭藏小景竹間石溜引清泉汀花照日猶含雨岸柳垂陰漸滿川欲把橋名尋野老淒涼空説建文年

與胡少叅小集

細雨初晴蟣蜢飛小庭花竹晚凉微後期客到停
杯久遠道春來得信稀翰墨多憑消旅況道心無
頼入禪機何時喜遂風泉賞共作山中一白衣

再用前韻賦鸚鵡

低垂猶憶隴西飛金鎖長羈念力微秖為能言離
土遠可憐折翼嘆群稀春林羞比黃鸝巧晴渚思
忘白鳥機千古正平名在賦風塵誰與惜毛衣

送客過二橋

下馬溪邊偶共行好山當面正如屏不緣送客何

因到還喜門人伴獨醒小洞巧容危膝坐清泉不
厭洗心聽經過轉眼俱陳迹多少高厓漫勒銘

復用杜韻一首

濯纓何處有清流三月尋幽始得幽送客正逢催
驛騎哄人且復任沙鷗崖傍石偃門雙啓洞口蘿
垂箔半鈎淡我平生無一好獨於泉石尚多求

先日與諸友有郊園之約是日因送客復期

小詩寫懷

郊園隔宿有幽期送客三橋故故遲樽酒定應須

我久諸君且莫问人疑同遊更憶春前日歸醉先拚日莫時却咲相望才咫尺無因走馬送新詩

自欲探幽肯後期若爲塵事故能遲緩歸已受山奚促久坐翻令溪鳥疑竹裏清醅應幾酌水邊相候定多時臨風無限停雲思回首空歌伐木詩

三橋客散赴前期縱轡還嫌馬足遲好鳥花間先報語浮雲山頂尚堪疑曾傳江閣邀賓句頗似籬邊送酒時便與諸公須痛飲日斜潦倒更題詩

待諸友不至

花間望眼欲崇朝何事諸君迹尚遥自處豈宜同俗駕相期不獨醉春瓢形忘爾我雖多缺義重師生可待招自是清遊須秉燭莫將風雨負良宵

龍岡謾書

子規晝啼蠻日荒柴扉寂寂春茫茫北山之薇應笑汝汝胡侷促淹他方綵鳳葳蕤臨紫蒼予亦鼓棹還滄浪只今已在由求下顔閔高風安可望

夏日遊陽明小洞天喜諸生偕集偶用唐韻

古洞閒來日日遊山中宰相勝封侯絶糧每自嗟

乞父慍見還時有仲由雲裏高崖微入暑石間寒溜已含秋他年故國懷諸友覓夢還應到水頭

将歸與諸生別於城南蔡氏樓

天際層樓樹杪開夕陽下見鳥飛回城隅碧水光連壓檻外青山翠作堆頗恨眼前離別近惟餘他日夢魂來新詩好記同遊處長掃溪南舊釣臺

諸門人送至龍里道中二首

蹊路高低入亂山諸賢相送愧間關溪雲壓帽兼愁重峯雪吹衣着鬢斑花燭夜堂還共語桂枝秋

竅聽齊攀（齊攀之説甚陋聊取其對偶耳）相思不用勤書札別後吾言在訂頑

雪滿山城入暮天歸心別意兩茫然及門真愧從陳日微服還思過宋年樽酒無因同歲晚緘書有鴈寄春前莫辭秉燭通宵坐明日相思隔隴烟

遊瑞華

簿領終年未出郊此行聊解俗入朝憂時有志懷先達作縣無能愧舊文松古尚存經雪榦竹高還長拂雲稍溪山處處堪行樂正是浮名未易拋

萬死投荒不擬回生還且復荷栽培逢時已負三年學治劇兼非百里才身可益民寧論屈志存經國未全灰正愁不是中流砥千尺狂瀾豈易摧

四明觀白水

千丈飛流舞白鸞碧潭倒影鏡中看藤蘿半壁雲烟濕殿角長年風雨寒野性從來山水癖直躬更覺世途難卜居斷擬如周叔高卧無勞比謝安

杖錫道中用張憲使韻

山鳥懽呼欲問名山花含笑似相迎風廻碧樹秋

聲早雨過丹巖夕照明、雪領插天開玉帳雲溪環
碧抱金城、懸燈夜宿茅堂靜、洞鶴林僧相對清

夜宿香山林宗師房次韻

幽壑來尋物外情石門遥指白雲生林間伐木時
聞響谷口逢僧不記名、天壁倒涵湖月曉烟梯高
接緯堦平松堂靜夜渾無寐到枕風泉處處聲
久落泥途惹世情紫崖丹壑是平生養真無力常
懷靜竊祿未歸羞問名、樹隱洞泉穿石細雲過溪
路入花平道人只住層蘿上明月峯頭有磬聲

又用日仁韻

每逢佳處問山名風景依稀過眼生歸霧忽連千嶂暝夕陽偏放一溪晴晚投巖寺依雲宿靜愛楓林送雨聲夜久披衣還起坐不禁松月照人清

鄭伯興謝病還鹿門雪夜過别賦贈

之子將去遠雪夜來相尋秉燭耿無寐憐此歲寒心歲寒豈徒爾何以贈遠行聖路塞已久千載無復尋豈無群儒迹溪逕榛莭深濬流須尋源積土成高岑攬衣望遠道請君從此征

又

濬流須有源植木須有根根源未濬植枝泒寧先蕃謂勝通夕話義利分毫間至理匪外得譬猶鏡本明外塵蕩瑕始鏡體自寂然孔訓示克己孟子垂反身明明賢聖則請君勿與諼

又

鹿門在何許君今鹿門去千載龐德公猶存棲隱處潔身匪亂倫其次乃避地世人失其心顧瞻多外慕安宅舍弗居狂馳驚奔騖尚言詆獨善文非

遂巧智瓚瓚功利儒寧復知此意

送蔡希顔

正德癸酉冬希顔赴南宫試訪予滁陽遂留閲歲旣而東歸問其故辭以疾希顔與予論學瑯琊之間於斯道旣什然矣别之以詩

風雪蔽曠野百鳥凍不翻孤鴻亦何事嗷嗷遡寒雲豈伊稻粱計獨往求其群之子眇萬鍾就我滁水濵野寺同遊諳春山共攀援鳥鳴幽谷曙伐木

西澗聽清夜湛玄思晴窻玩奇文叙景賞新悟微言欣有聞寥寥絕代下此意冀可論群鳥喧北林黃鵠獨南逝北林豈無枝羅弋苦難避之子冊霞姿辭我雲門去山空響流泉路僻迷深樹長谷何盤紆紫芝之春可茹求志暫棲巖避喧寧遯世學予厭風塵送子媿雲霧匡時已無術希聖徒有慕倘入陽明峰為尋舊棲處

門人王嘉秀實夫蕭琦子玉告歸書此見别意兼寄聲辰陽諸賢

王生兼養生蕭然生頗慕禪迢迢數千里拜我滁山前
吾道既匪佛吾學亦匪仙坦然由簡易日用匪深
玄始聞半疑信既乃心豁然譬彼土中鏡闇闇光
內全外但去昏翳精明燭媸妍世學如剪綵粧綴
事蔓延宛宛具枝葉生理終無緣所以君子學布
種培根原萌芽漸舒發暢茂皆由天秋風動歸思
共鼓湘江船湘中富英彥往往多及門臨岐綴斯
語因之寄拳拳

守文弟歸省携其手歌以别之

爾來我心喜爾去我心悲不爲倚門念吾寧舍爾
歸長途正炎暑爾行慎興居京茗勿頻啜節食但
無飢勿去船旁望登岸上嬉收心每澄坐適意
時觀書申洪皆冥頑不足長嗔詈見人勿多説慎
默真如愚接人莫輕率忠信持謙卑從來爲己學
慎獨乃其基紛紛多嗜欲爾病還爾知到家良足
樂怡顔報重闈昨秋童蒙去今夏成人歸長者愛
爾敬少者悦爾慈親朋稱嘖嘖羨爾能若茲信哉
學問功所貴在得師吾匪崇外飾欲爾治名爲望

爾日慥慥聖賢以爲期九九及印弟誦此共勉之

游牛首山

春尋指天闕烟霞杪何許雙峰久相違千巖來舊王浮雲刺中天飛閣凌風雨探秀澗阿入蘿陰息筐筥滅迹避塵纓清朝入深沮風磴仰捫歷淙壑屢窺俯梯雲躋石閣下榻得吾所釋子上方候鳴鍾出延佇顧景耀回盻層飈翼輕舉暖暖林芳暮冷冷石泉語清宵耿無寐峰月升烟宇會晤得良朋可以寄心腑

又次李僉事素韻

省災行近郊探幽指層巒田飈振玄岡頹陽薄西陸菑田收積雨禾稼泛平篆取徑歷村墟停車問耕牧清溪厲月行瞑洞披雲宿淅米石間溜斧薪澗底木田翁來聚觀中宵尚馳逐將迎愧深情瘡痍慚撫掬幽桃靜無寐風泉朗鳴玉雖繆真訣傳頗若塵緣熟終當遁名山鍊藥洗凡骨械辭謝親交流光易超忽

月夜

舉世困酣睡而誰偶獨醒疾呼未能起瞪目相怔
驚反謂醒者狂群起環鬪爭洙泗輟金鐸濂洛傳
微聲誰鳴　鼓聞者皆昏冥嗟爾欸奚爲奔走
空營營何嘗聞此鼓開爾天聰明

白鹿洞獨對亭

五老隔青冥尋常不易見我來騎白鹿凌空陟飛
巘長風捲浮雲褰帷始窺面一咲仍舊顏媿我鬓
先變我來爾爲主乾坤亦郵傳海蟾照孤月靜對
有餘眷彭蠡浮一觴賓主聊酬勸悠悠萬古心默

契可無辯

登雲峰二三子詠歌以從欣然成謡

淳氣日凋薄鄒魯忘真承世儒昌臆說愚瞽相因仍晚途益淪溺手援吾不能棄之入烟霧高歷雲峰層開茅傍虎穴結屋依巖僧豈曰事高尚庶免無予憎好鳥求其侶嚶嚶林間鳴而我在空谷焉得無良朋飄飄二三子春服來從行詠歌見真性逍遥無俗情各勉希聖志毋爲塵所縈

歸懷

行年忽五十頓覺毛髮改四十九年非童心獨猶
在世故漸更涉遇坎稍無餒每當快意事退然思
厚殆傾否仰聖作物覩豈不快奈何桑梓懷衰白
倚門詩

與二三子登秦望

初冬風日佳策杖登崔嵬自予羈宦迹久與山谷
違屈指廿七載今茲復一來沿溪尋往路歷歷皆
所懷躋險還屢息興在知吾衰停午際峰頂曠望
未能回良朋亦偶至歸路相徘徊夕陽飛鳥靜群

壁風泉哀悠悠觀化意點也可與偕

山中立秋日偶書

風吹蟬聲亂林卧驚新秋山池靜澄碧暑氣亦已
收青峰出白雲突兀成瓊樓袒裼坐溪石對之心
悠悠倏忽無定態變化不可求浩然發長嘯忽起
雙白鷗

送蕭子雝副憲之任

衰疾悟止足閒居便靜脩採芝深谷底考槃南澗
頭之子亦早見挂帆經舊丘幽尋意始結公期已

先遒星逵觸來暑極焚能自由黃鵠一高舉剛
風翼難收懷慈戀丘隴回顧未忘憂往志局千
里豈伊枋榆投哲士營四海細人聊自謀聖作
正思治吾衰亮何酬所望登才俊濟濟揚鴻
休隱者嘉遯仕者當誰儔寧無寥寂念且
急瘡痍瘳舍藏應有時行矣毋淹留

秋日飲月巖新構別王侍御

湖山久繫念愧處限形迹遥望一水間十年靡由
即軍旅起衰廢驅馳豈遑息前旌道回岡取捷上

崎側新構爵層椒石門轉深寂是時霜始降風淒
羣舟拆壑靜響江聲愿　虛涵海色夕陰下西岑
涼月穿東壁觀風此餘情撫景見高臆匪從羣公
餞何因得良覿南徼方如燬救焚敢辭亟來歸幸
有期終遂幽尋僻

復過釣臺

憶昔過釣臺驅馳正軍旅十年今始來復以兵戈
起空山烟霧深往迹如夢裏微雨林徑滑肺病
雙足胝仰瞻臺上雲俯濯臺下水人生何碌

碌高尚當如此痌瘝念同胞至人匪爲已過門不遑入憂勞豈得已滔滔良自傷果哉末難矣

方思道送西峰

西峰隱真境微境臨通衢行役空屢屢過眼黄塵迷青林外延望中闕何由窺方子巖廊器兼稟雲霞姿每逢泉石處必刻棠陵詩兹山秀常玉之子囊中錐群峰灝秋氣喬木含凉吹此行非佳餞誰爲發幽奇柰何眷清賞爲促牵王期

悠悠傷絶學之子亦如斯爲君指周道直徑勿
復疑

長生

長生徒有慕苦乏大藥資名山遍探歷悠悠鬢生
絲微軀一繫念去道日遠而中歲忽有覺九還乃
在兹非爐亦非鼎何坎復何離本無終始究竟有
死生期彼哉游方士詭辭反增疑紛然諸老翁自
傳困多岐乾坤由我在安用他求爲千聖皆過影
良知乃吾師

月夜雨山翁家偶書

山空秋夜靜月明松檜凉沿溪步月色溪影搖空裳山翁隔水語酒熟呼我嘗褰衣涉溪去咲引開竹房謙言值暮夜盤飧百無將露華明橘柚摘獻氷盤香洗盞對酬酢浩歌入蒼茫醉拂巖石卧言歸遂相忘

登泰山五首

曉登泰山道行行入烟霏陽光散巖壑秋容淡相揮雲梯掛青壁仰見蛛絲微長風吹海色飄颻送天衣

峯頂動笙樂青童兩相依振衣將往從淩雲忽髙飛揮
手若相待丹霞閃餘暉凡軀無羽翮悵望未能歸
天門何崔嵬下見青雲浮决莽絶人世逈谿髙天
秋暝色從地起夜宿天上樓天鷄鳴半夜日出東
海頭隱約蓬壺樹縹緲扶桑洲浩歌落青冥遺響
入滄流唐虞變楚漢臧沒如風遲邈矣鶴山僊秦皇
豈堪求金砂費日月頹顔竟難留吾意在龎古泠然馭
京飈相期廣成子太虛顯遨遊枯槁向巖谷黄綺
不足儔

穹崖不可極飛步凌烟虹危泉瀉石道空影垂雲
松千峰互攢簇捲映青芙蓉高臺倚巉削傾側臨
崆峒失足墮烟霧碎骨顛崖中下愚竟難曉摧折
紛相從君方坐日觀披雲笑天風赤水問軒后蒼
梧吁重瞳隱隱落天語閶闔開玲瓏去去勿復道
濁世將爲窮
塵網苦羈縻富貴真露草不如騎白鹿東遊入蓬
島朝登太山望洪濤隨縹緲陽輝出海雲來作天
門曉遥見碧霞君翩翩起員嶠玉女戲鸞笙雙吹

入幘吳舉首望不及下拜風浩浩擲我玉虛篇讀
之殊未了傍有長眉翁一一能指道從此煉金砂
人間跡如掃

我才不救時匡扶志空大置我有無間緩急非所賴孤
坐萬峰巔哈然遺下塊已矣復何求至精諒斯存澹
泊匪虛杳洒脫無芥蔕世人聞予言不咲即吁怪吾
亦不强語惟復咲相待魯叟不可作此意聊自快

贈陳宗魯

學文須學古脫俗去陳言譬若千丈木勿爲藤蔓

纏。又如崑崙派一瀉成大川，人言古今異，此語皆虚傳。吾苟得其意，今古何異焉。子才良可進，望汝師聖賢。學文乃餘事，聊云子所偏。

青原山次黄山谷韻

咨觀歷州郡，驅馳倦風埃。名山特乘暇，林壑盤縈迴。雲石緣歌逕，夏木深層隈。仰窮嵐霏際，始覩臺殿開。衣傳西竺舊，構遺唐宋材。風松溪溜急，湍響空山哀。妙香隱玄洞，僧屋懸穹崖。板儼龍象陟，降臨綺階飛。泉瀉靈竇，曲檻連雲㠋。我來慨遺迹，勝

事多湮埋邈矣西方教流傳遍中垓何如皇極化
反使吾人猜剥陽幸未絶生意存枯荄傷心眼底
事莫賀生前盃煙霞有本性山水乞歸骸崎嶇羊
腸坂車輪幾傾摧蕭散麋鹿伴澗谷終追陪恬愉
返眞澹閒寂辭喧豗至樂發天籟絲竹謝滛哇千
古自同調豈必時代偕琢重二三子玆遊非偶來且
從山曳宿勿受役夫催東峰上烟月夜景方徘徊

別湛甘泉

行子朝欲發驅車不得留驅車下長坂顧見城東

樓遠別情已隊況此艱難秋分手訣河梁涕下不
可收車行望漸杳飛埃越層丘遲回岐路側孰知
我心憂
我心憂以傷君去阻且長一別豈得已母老思所
將奉命危難際流俗反猜量畚鵠萬里逝豈伊為
稻粱　毛羽燕雀猶棲堂跳梁多不測君行
戒前途達命諒何滯將毋能忘虞安歷尤穽擭關
路非岐嶇今德崇易簡可以知險阻結茆潮水陰
幽期終不忘伊邇得相就我心亦何傷世艱變倏

忽人命非可常斬文天未墜别短會日長南寺春月夜風泉間竹房逢僧或停識先掃白雲床

贈别黄宗賢

古人戒從惡今人戒從善從惡乃同污從善翻滋怨紛紛嫉媢興詬謫相非訕自非篤信士僞還多背面寧知竟漂流淪胥入污賤卓哉汪陂子奮身勇厥踐拂衣還舊山霧隱期豹變嗟嗟吾黨賢白黑匪難辯

四明觀白水

邑南富巖壑白水尤奇觀與來每思往十年就茲
觀停驂指絕壁涉澗緣危磴百源旱方歇雲際猶
飛湍霏霏洒林薄漠漠凝風寒前聞若未愜仰視
終莫攀石陰晷着氣薄流觸迴廻澗茲遊詎盤樂眷
靜意所閑逝者諒如斯哀此歲月殘擇幽雖得所
避時時猶難劉樊古方外感慨有餘嘆

書枎錫寺

扶錫青冥端澗壁環天險噩巖下陡壑涉水攀絕
巘砠深聽喧瀑路絕駭危棧捫蘿登峻極披翳見

平衍僧通寄孤衲守廢遺荒殿傷茲窮僻墟曾未誅求免探幽冀累息憤時翻意憐拯擾才已踈栖遲心益眷哀猿嘯春嶂懸燈宿西崦誅茆竟何時白雲愧舒卷

梧桐江用韻

鳳鳥久不至梧桐生高岡我來竟日坐清陰灑衣裳援琴撫流水調短意苦長遺音滿空谷隨風遶悠揚人生貴自得外慕非所臧顏子豈忘世仲尼固遑遑已矣復何事吾道歸滄浪

辰州劉易仲從予滁陽一日問道可言乎予曰啞子喫苦瓜與你說不得爾要知我苦還須你自喫易仲省然有悟久之辭歸別以詩

迢遞滁山春子行亦何遠纍然良苦心惝怳不遑飯至道非外得一悟失群闇秋風洞庭波遊子歸已晚結蘭意方勤寸草心先斷未學久能離頹波竟誰挽歸哉念流光一逝不復返

太息

一日復一日中夜坐嘆息庭中有嘉樹落葉何漸歷蒙翳亂藤纏寧知絕根脉丈夫貴剛腸光陰勿虛擲頭白眼昏昏吁嗟亦何及

登小孤書壁

人言小孤殊阻絕從來可望不可攀上有顛崖勢欲墮下有劒石交嶢頑峽風閃壁船難進洪濤怒撞蛟龍關航檣摧縮不敢越往往退次依前山崖傍沙岍日東徙忽成巨浸通西灣帝心似憫舟楫苦神斧夜闢無痕斑風雷倏翕見萬[illegible]人謀不得

容其間我來鋭意欲一往小舟微服沿回瀾側身脇息仰天竇懸松絶棧蛛絲慳風吹卯酒眼花落凍滑丹梯足力孱青龜吹雨出仍沒白鳥避客來復還峰頭四顧盡落日宛然風景如瀛寰烟霞未覺三山遠塵土聊乘半日閒奇觀江海詎爲險世情平地猶多艱嗚呼世情平地猶多艱田瞻北極雙淚潸

舟過銅陵埜云縣東小山有鐵船因往觀之果見其彷彿因題石上

青山滚滚如奔濤鐵船何處來停橈人間刳木寧有此疑是仙人之所操仙人一去已千載山頭日日長風號船頭出土尚彷彿後岡有石〻船梢我行過此費忖度昔人用心無乃忉由來風波平地惡縱有鐵船還未牢秦鞭驅之未能動奡力何所施其篙我欲乘之訪蓬島雷師鼓舵虹爲繅弱流萬里不勝芥復恐駕此成徒勞世路難行每如此獨立斜陽首重搔

廬山東林寺次韻

東林日暮更登山峰頂高僧有蘭若雲蘿磴道石參差水聲深澗樹高下遠公學佛卻援儒淵明嗜酒不入社我亦愛山仍戀官同是乾坤避人者我歌白雲聽者寡山自點頭泉自瀉月明壑底忽驚雷夜半天風吹屋瓦

又次邵二泉韻

昨遊開先殊草草今日東林遊始好手持蒼竹撥層雲直上青天招五老萬壑笙竽松籟哀千峰掩映芙蓉開坐俯西巘窺落日風吹孤月江東來莫

向人間空白首富貴何如一杯酒種蓮栽菊兩荒凉惠遠陶潛骨同朽乘風我欲還金庭三洲弱水連沙汀他年海上望廬岳烟際浮萍一點青

江上望九華不見

五旬三過九華山一度陰寒一度雨此來天色稍晴明忽復昏霾起亭午平生山水最多緣獨此相逢容有數人言此山天所秘山下居人不常睹蓬萊渉海或可求瑶水崑崙俱舊遊洞庭何止吞八九五嶽曾向囊中收不信開雲掃六

合手扶赤日照九州駕風騎氣覽八極視此瓚
屑眞浮漚

江施二生與醫官陶埜冒雨登山人多笑之
戲作歌

江生施生頗好奇偶逢陶埜奇更痴共言山外
有佳寺勸予往遊爭願隨是時雷雨雲霧塞多
傳險滑難車騎兩生力陳道非遠埜請登高覘
路岐三人冒雨陟岡背旣仆復起相牽携同儕
哧咲指之迈沓袂徑往凌嶔崎歸來未暇顧沾

湿且說地近山逕夷青林宿靄漸開霽碧巘絳氣浮微曦津津指譬在必往與劇不道傍人嗤予亦對之成大咲不覺老與如童時平生山水已成癖歷深探隱忘飢疲年來世務頗羈縛逢場遇境心未衰埜夫求仙志方外兩生學士亦爾爲世人趨逐但聲利赴湯踏火甘傾危解脫塵囂事行樂爾輩狂簡翻見譏歸與歸與吾與爾陽明之麓終爾期

登雲峰望始盡九華之勝因復作歌

九華之峰九十九此語相傳俗人口俗人眼淺見皮膚焉測其中之所有我登華頂掃雲霧極目奇峰那有數巨壑中藏萬玉林大劍長鎗攢武庫有如智者深韜藏復如淑女避謗妬闇然避世不求知早已尊人羞逞露何人不道九華奇奇中之奇人未知我欲窮搜盡拈出秘藏恐是天所私旋解詩囊旋收拾朧顥露出雖參差從來題詩李白好渠於此山亦潦草曾見王維畫輞川安得渠來拂纖縞

重遊開先寺戲題壁

中丞不解了公事到處看山復尋寺尚爲妻奴守俸錢至今未得休官去二月開先兩度來寺僧倦客門未開山靈似嫌俗士駕溪風攔路吹人回君不見富貴中人如中酒折腰解酲須五斗未妨適意山水間浮名于我亦何有

遊通天巖示鄒陳二子

鄒陳二子皆好遊一往通天十日留候之來歸久不至我亦乘興聊尋幽巖扉日出雲氣浮二子歸

髮登巑頭谷轉始聞人語響蒼壁杳杳長林秋嗒然坐我亦忘去人生得休且復休採芝共約陽明麓白首無慚黄綺傳

醉後歌用燕思亭韻

萬峯攢簇高連天貴陽久客經徂年思親漫想斑衣舞寄友空歌伐木篇短髮蕭踈夜中起[illegible]管哀絲爲誰好欽翼樊籠恨已遲奮翮雲霄苦不早緬懷冥寂巖中人蘿衣蒨佩芙蓉巾黄精紫芝滿山谷採石不愁倉囷貧清溪長伴明月夜小洞自報

梅花春高閑豈説商山皓淖約真如藐姑神封書遠寄貴陽客胡不來歸浪相憶記取青松澗底枝莫學楊花滿阡陌

泰山高次王内翰司獻韻

歐生誠楚人但識廬山高廬山之高猶可計尋丈若夫泰山仰視恍惚吾不知其尚在青天之下乎其已直出青天上我欲倣擬試作泰山高但恐丘垤之見未能測識高大筆底難具狀扶輿磅薄元氣鍾突兀半遮天地東南衡北恒西有華俯視區

僂誰爭雄人衆茫昧乍隱見雷雨初解開鴻濛繡
壁丹梯烟霏霧靄對海日初湧照耀蒼翠平麓遠抱
滄海灣、日觀正與扶桑對聽濤聲之下瀉知百川
之東會天門石扇豁然中開幽壑邃谷襞積隱埋
中有遯世之流龜潛雌伏飡霞吸秀於、其間往往
怪譎多僊才上有百丈之飛湍懸空絡石穿雲而
直下其源疑自青天來巖頭霤寸出烟霧須臾滂
沱遍九垓古來登封七十二主後來相效紛紛如
雨玉檢金函無不爲只令埋没知何許但見白雲

猶復起封中斷碑無字天外日日磨剛風飛塵過
眼倏超忽飄蕩豈復留其蹤天空翠華遠落日辭
千峰魯郊獲麟岐陽會鳳明堂既毀閟宮興頌豈
尼叟杖逍遥一去不復來幽泉嗚咽而今悲群巒
拱揖如相送俯仰宇宙千載相望墮山喬嶽尚被
其光峻極配天無敢頡頏嗟予瞻眺門墻外何能
彷彿窺室堂也來攀附躡遺跡三千之下不知亦
許再拜占末行吁嗟乎泰山之高其高不可極半
壁回首此身不覺已在東斗傍

滁陽諸友別

滁陽諸友從游送予至烏衣不能別及暮

王惟甫汝德諸友送至江浦必留居俟予

渡江因書此促之歸并寄諸賢庶幾共進

此學以慰離索耳

滁之水入江流江潮日復來滁州相思若潮水來

往何時休空相思亦何益欲慰相思情不如崇令

德掘地見泉水隨處無弗得何必驅馳為千里遠

相即君不見堯羹與舜墻又不見孔與跖對面不

相識逆旅主人多殷勤出門轉盼成路人

九華歌

弘治壬戌嘗遊九華值時陰霧竟無所睹至是正德庚辰復往遊之風日清朗盡得其勝喜而作歌

昔年十日九華住雲霧終旬竟不開有如昏夜入寶藏兩目無覩成空回每逢好事談奇勝即思策蹇還一來頻年驅逐事兵革出入賊壘衝風埃恐恐晝夜不遑息豈復山水能徘徊鄱湖一戰偶天

辛遂隨歸凱停江限是時軍務頗多暇况復我馬
方虺隤舊遊諸生亦群集遂將童冠登崔巍先晨
霏靄尚暝晦卻疑山意猶嬌猜肩輿一入青陽境
忽然白日開西嶺長風摧籜掃浮陰九十九峰如
夢醒群巒踊躍爭獻奇兒孫俯伏摩其頂今來始
識九華面恨無詩筆爲傳影層樓疊閣寫未工千
朶芙蓉抽玉井惟我造化亦安排天下奇山此兼
并攬衣登高望八荒雙闕下見日月光長江如帶繞
山麓五湖七澤皆陂塘蓬瀛海上浮拳石舉足可

到虹可梁仙人爲我啓閶闔鸞軿鶴駕紛翔翔從
玆脱屣謝塵世飄然拂袖淩蒼蒼

送邵文實方伯致仕

君不見耩下鷄引類呼群啄且啼稻粱已足脂漸
肥毛羽脱落充庖廚又不見籠中鶴斂翼垂頭困
牢落籠開一旦入層雲萬里翱翔縱寥廓人生山
水須任真胡爲利禄纏其身高車駟馬盡桎梏雲
臺麟閣皆埃塵鴟夷抱恨浮江水何似扁舟逃海
濵舜水龍山予舊宅讓公且作煙霞伯拂衣便擬

逐公回爲予先掃峰頭石

記夢

正德庚辰八月廿八夕小閣忽夢晉忠臣郭景純氏以詩示予且極言王導之奸謂世之人徒知王敦之逆而不知王導實陰主之其言甚長不能盡錄覺而書其所示詩於壁復爲詩以紀其畧嗟乎今距景純若千年矣非有實惡深冤鬱結而未暴寧有數千載之下尚懷憤不平若是者耶

秋夜臥小閣夢遊滄海濱海上神仙不可到金銀
宮闕高嵯峋中有仙人芙蓉巾顧我宛若平生親
欣然就語不烟霧自有姓名郭景純攜手歷歷訴
衷曲義憤感激難具陳切齒尤深怨王導深奸老
猾長欺人當年王敦覬神器導實陰主相緣寅不
然三問三不荅胡忍使敦殺伯仁寄書欲拔太真
舌不相為謀敢爾云敦病已篤事已去臨哭嫁禍
復賣敦事成同享帝王貴事敗仍為顧命臣幾微
隱約亦可見世史掩覆多失真抽出長篇再三讀

覺來字字能書紳開聰試抽晉史閱中間事迹頗
有因因思景純有道者世移事往千餘春若非精
誠果有激豈得到今猶憤嗔不成之語以箴戒敦
實氣沮竟殞身人生生死亦不易誰能視死如輕
塵燭微先幾炳易道多能餘事非所論取義成仁
忠晉室龍逢龔勝心可倫是非顛倒古多有吁嗟
景純終見伸御風騎氣遊八垠彼敦之徒草木糞
土臭腐同沉淪
我昔明易道故知未來事時人不我識遂傳

虓一枝一思王導徒神器良久覬諸謝豈不力伯仁見其底所以敦者備罔顧天經與地義不然百口未負托何忍置之死我於斯時知有分日中斬柴市我死悲何足我生良有以九天一人撫膺哭晉室諸公亦可恥舉目山河徒嘆非攜手登亭空洒淚王導真奸雄千載人來議偶感君子談中及重與寫真記固知倉卒不成文自今當與頻謳戲倘其為我一表揚萬世萬世萬萬世

右晉忠臣郭景純自述詩蓋予夢中所得

着因表而出之

無題

巖頭有石人爲我下嶙峋脚踏破屐五十兩身披舊衲四十斤任重致遠香象力餐霜坐雪金剛身夜寒雙虎與温足雨後乖龍來伴宿手揑頑磚鏡乔光舌底流泉梅未熟夜來拾得遇寒山翠竹黄花好共看同來問我安心法還解將心與汝安

大秀宫次一峰韻

落日下清江悵望閣道晚人言玉笥更奇絶漳口

停舟路非遠肩輿取徑沿村落心目先馳孅足緩山昏且就雲儲眠瑤林月色鳴風泉夢䰟忽忽到眞境侵曉循迹来洞天洞天非人世予亦非世人當年曾此寄一迹屈指忽復三十春巖頭坐石刹落盡手種松栢枯龍鱗三十六峰僅如舊澗谷漸陂溪流新空中仙樂風吹斷化為鼓角驚風塵風塵隊洛半天地何當一掃還吾真從行諸生駭吾說問我恐是玆山神君不見廣成子高卧崆峒長不死到今一萬八千年陽明真人亦如此

心漁爲錢翁希明別號題

有漁者歌曰漁不以目惟以心心不在魚漁更深北溟之鯨猶小小一舉六鰲未足歆敢問何如其爲漁耶曰吾將以斯道爲網良知爲綱太和爲餌天地爲舫契之無意散之無方是謂得無所得而忘無可忘者矣

題施總兵所蓄龍

君不見所翁所畫龍雖畫兩目不點瞳曾聞弟子誤落筆即時雷雨飛騰空運精入神奪元化淺夫

未識徒驚詫操蛇移山律回陽世間不獨所翁畫
高堂四壁生風雲黑霧紫電白晝昏山崩谷陷屋
瓦震雨聲如瀉長平軍頭角崢嶸幾千丈倏忽神
靈露乾象小臣正抱烏號思一墮胡髯不可上視
久眩定凝心神生綃漠漠開崢嶸乃知所翁遺筆
迹當年為寫蒼龍真只今旱劇枯原野萬國蒼生
望霑灑憑誰枯筆點雙睛一作甘霖遍天下

遊九華道中

微雨山路滑山行入輕舟桃花夾岸迷遠近迴巒

疊嶂盤深幽奇峰應接勞回首瞻之在前忽在後下道舟行轉屈曲但惟青山亦奔走澤午雨霽雲亦開青鞋布襪無塵埃梅蹊柳徑度村落長松白石穿林隈始攀風蹬出木杪更俯懸崖聽瀑雷亂山高頂藏平野茆屋高低自成社此中那得有人家恐是當年避秦者西巖日色漸欲下且向前林秣吾馬世途濁隘不可居吾將此地成蘭若

賈胡行

賈胡得明珠藏珠剖其軀珠藏未能有此身已先

無輕己重外物賈胡一何愚請君勿笑賈胡愚君今奔走聲利途鑽求富貴未能得弊精勞形骨髓枯竟日惶惶憂毀譽終宵惕惕防艱虞一日僅得五升米半級仍甘九族誅胥靡接踵略無悔請君勿笑賈胡愚

祈雨辭

嗚呼十日不雨兮田且無禾一月不雨兮川且無波一月不雨兮民已爲疴再月不雨兮民將柰何小民無罪兮天無咎民撫巡失職兮罪在予臣嗚

呼盜賊兮爲民大乇天或罪此兮赫威降嗔民則
何罪兮玉石俱焚嗚呼民則何罪兮天無邊怒油
然興雲兮雨兹下土彼罪曷遁兮哀此窮苦

啾啾吟

知者不惑仁不憂君胡戚戚眉雙愁信步行來皆
坦道憑天判下非人謀用之則行舍即休此身浩
蕩浮虛舟丈夫落落掀天地豈顧束縛如窮囚千
金之珠彈鳥雀掘土何煩用鐲鏤君不見東家老
翁防虎患虎夜入室啣其頭西家兒童不識虎執

竿驅虎如驅牛痴人懲噎遂廢食愚者畏溺先自
投人生達命自灑落憂讒避毀徒啾啾

白灣

宗巖文先生居白浦之灣四方學者稱曰
白浦先生而不敢以姓字某素高先生又
辱為之僚因為書白灣二字并詩以詠之
浦之灣其白漫漫彼美君子在水之盤
灣之浦其白瀰瀰彼美君子在水之涘
雲之溶溶于灣之湄君子于處民以為期

雲之油油于灣之委君子于興施及四海
白灣之渚子遊以處彼美君子兮可以容與
白灣之洋于濯以湘彼美君子兮可以倘徉

六月乙亥南都熊峰少宰石公以少宗伯
召南都之士聞之有惻然而戚者有欣然
而喜者其戚者曰公端介敏直方爲留都
所倚重今茲往善類失所恃群小罔以嚴
辯惑考學者咸從而討究剖攻斷疑者咸
從而咨決南都非根本地乎而獨不可以

公遺之其喜者曰公之端介敏直寧獨留
都所以重其在京師獨無善類乎獨無群
小乎獨無辯惑考學剖政斷疑者乎且天
子之召之也亦寧以少宗伯將必大用大
用則以在天下期彙征之慶也公聞之曰
戚者非吾之所敢喜者乃吾之所憂也吾
思所以逃吾之憂者而不得其道若之何
陽明子素知于公既以戚衆之戚喜衆之
喜而復憂公之憂乃叙其事為賦六月庸

以贈公之行

六月淒風七月暑雨倏雨倏寒道脩以阻允允君子迪爾寢興毋沾爾行國步斯頻

哀此下民靡届靡極不有老成其何能國吁嗟老成獨遺典刑若屋之傾尚支其楹

心之憂矣言靡有所如彼喑人食荼與苦依依長國言采其芝人各有能我歸亂時

昔彼叔季沉湎以逞耄集以咨我人自靖允允君子淑慎爾則靡曰作止民何于極

日月其逝如彼滄浪南北其望如彼參商允允君子毋沾爾行如日之升以曷不光

示憲兒

幼兒曹聽教誨勤讀書要孝弟學謙恭循禮義節飲食戒遊戲毋說謊毋貪利毋任情毋鬬氣毋責人但自治能下人是有志能容人是大器凡做人在心地心地好是良士心地惡是兇類譬樹菓心即蔕蔕若壞菓必墜吾教汝全在是汝諦聽勿輕棄

貴州都司經歷趙昌齡
耀州知州門人陳文學
鎮安縣知縣門人葉梧　校刊

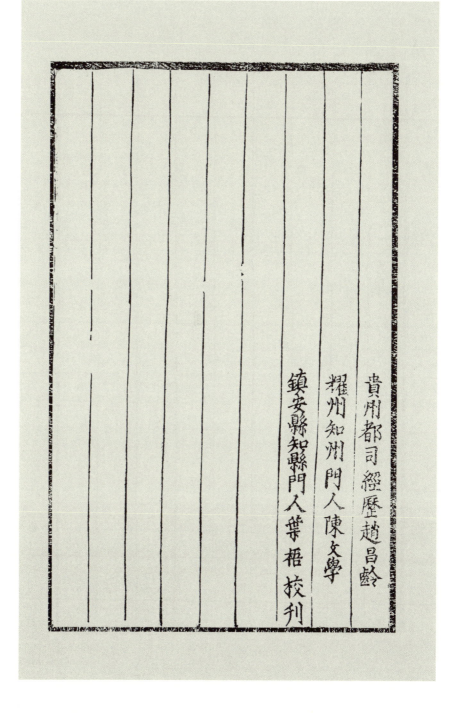

新刊陽明先生文録續編卷之三終

書文録續編後

貴州按察司提學道奉梓陽明王先生文録舊皆珍藏莫有睹者予至屬所司頒給之貴之人士家誦而人習之若以得見爲晩其聞而慕慕而請觀者踵繼爲文亦多類矣而貴人獨此其汲汲何哉或謂先生謫寓茲土遺恵在人思其人而不可見故

於文致重也其勿剪甘棠之義乎或又謂先生之文簡易精明而波瀾起伏倏忽萬狀文士視以為則焉故若是其汲汲歟是皆未得貴人之心者也先生處貴僅期月不過一恒品惠澤布流宜若有限而由今所垂乃有不世之休焉可以觀教矣先生以道設教而貴人惟教之由無他也致

其心之知焉而已矣知吾知也其心之自有者也先生語之而貴人聽之吾有而吾自致焉爾故昔日之所面授此心也此道也今日之所垂録此心也此道也能不汲汲於求乎是求之者非以先生也非以其文也求在我者也其或越是而在外者之是索面對而心相非者有矣其背求之耶

其肯求之於異日耶彼謂因惠而思思先
生者也以文爲則又其淺之者耳豈足以
知貴人之心哉予因貴人之懷仰而求之
若此嘉其知所向往也并以文録所未載
者出焉以遺之俾得見先生垂教之全録
題曰文録續編於乎讀是編者能以其心
求之於道未必無小補否則是編也猶夫

文也豈所望於貴士者哉先生處貴有居夷集門人答問有傳習録貴皆有刻茲不贅云　時

嘉靖乙未夏六月後學王杏書於貴陽行臺之虚受亭

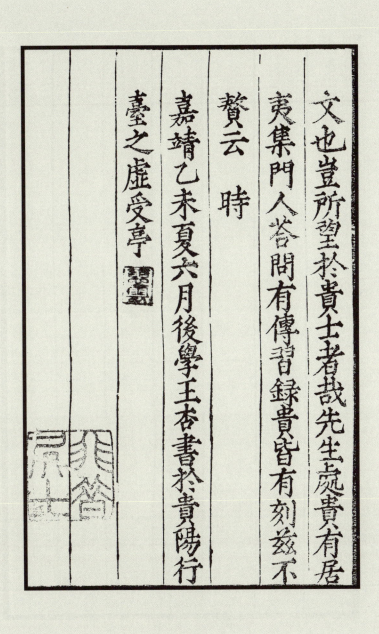

壬辰二月初二日海上所收[illegible]古人書本百嘉之一

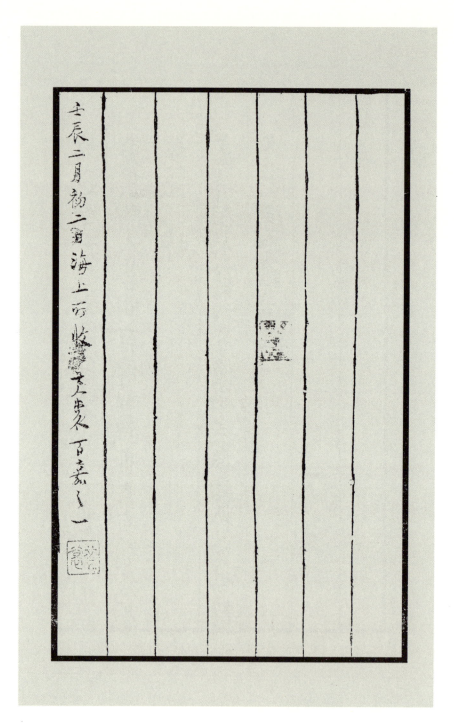